# Event-B

リファインメント・モデリングに基づく形式手法

中島　震・來間啓伸　共著

近代科学社

## ◆ 読者の皆さまへ ◆

小社の出版物をご愛読くださいまして，まことに有り難うございます．

おかげさまで，㈱近代科学社は1959年の創立以来，2009年をもって50周年を迎えることができました．これも，ひとえに皆さまの温かいご支援の賜物と存じ，衷心より御礼申し上げます．

この機に小社では，全出版物に対してUD（ユニバーサル・デザイン）を基本コンセプトに掲げ，そのユーザビリティ性の追究を徹底してまいる所存でおります．

本書を通じまして何かお気づきの事柄がございましたら，ぜひ以下の「お問合せ先」までご一報くださいますようお願いいたします．

お問合せ先：reader@kindaikagaku.co.jp

なお，本書の制作には，以下が各プロセスに関与いたしました：

- 企画：小山　透
- 編集：石井沙知
- 制作：加藤文明社
- 組版：加藤文明社（LaTeX）
- 印刷：加藤文明社
- 製本：加藤文明社（PUR）
- 資材管理：加藤文明社
- カバー・表紙デザイン：加藤文明社
- 広報宣伝・営業：山口幸治，冨髙琢磨

本書に記載されている会社名・製品名等は，一般に各社の登録商標または商標です．本文中の ©，®，™ 等の表示は省略しています．

- 本書の複製権・翻訳権・譲渡権は株式会社近代科学社が保有します．
- JCOPY 〈(社)出版者著作権管理機構 委託出版物〉
  本書の無断複写は著作権法上での例外を除き禁じられています．
  複写される場合は，そのつど事前に(社)出版者著作権管理機構
  （電話 03-3513-6969，FAX 03-3513-6979，e-mail: info@jcopy.or.jp）の
  許諾を得てください．

# 刊行によせて

　本書，中島・來間両氏による著書，に序文を書く機会を得られたことをとてもうれしく思います．著者のお2人とは長い間の知り合いであり，この数年，その幅広い見識に感心しておりました．

　さて，日本の情報関係者に，形式手法，特に，Event-B を紹介すると考えただけで，とても楽しく，幸せな気持ちになってしまいます．

　本書は手頃な厚さにも関わらず，内容をうまく取捨選択していると思えます．簡潔なので，日本の多くの学生や技術者が，しばしば問題になる形式手法の「とっつきにくさ」に慣れる良い機会を提供するでしょう．このことは，私の経験からも，本当に難しいです．

　本書は，まず，Event-B ならびに RODIN プラットフォームの基礎になる科学的な原理を紹介します．次いで，とても良く考えられた2つの事例が，基礎的な原理の理解を補うでしょう．理論的な面と形式手法の実践の両方が，バランス良く取り込まれていることが，特に素晴らしいと感じました．これは，いくら強調しても良いほど，とても珍しいことです．

　本書と著者が，それに相応しい成功を勝ち得ることを願っております．

Jean-Raymond Abrial
マルセイユ

# Avant-props

Je suis très heureux et très honoré de pouvoir préfacer ce livre de Shin Nakajima et Hironobu Kuruma. Je connais ces auteurs depuis fort longtemps et, au cours des années, j'ai pu apprécier leur grande compétence à tous les deux.

Quelle bonne et heureuse idée pour eux de penser à introduire ainsi les méthodes formelles et plus particulièrement Event-B pour la communauté informatique japonaise.

Ce livre reste relativement court et, de mon point de vue, c'est certainement une très bonne décision. Il donnera ainsi l'occasion à un public japonais d'étudiants et d'enseignants de se familiariser rapidement avec ces questions présentées parfois (à tort d'après moi) comme difficiles d'accès.

Cet ouvrage présente d'abord les principes scientifiques qui sous-tendent Event-B et la Plateforme Rodin. Ensuite, deux études de cas très élaborées viennent compléter les principes précédents. J'ai particulièrement apprécié ce mélange équilibré dans un même ouvrage des aspects théoriques aussi bien que pratiques des méthodes formelles. Cela est suffisamment rare pour être souligné.

Je souhaite à ce livre et à leurs auteurs tout le succès qu'ils méritent.

Jear-Raymond Abrial
Marseille

# まえがき

## JRA のこと

　まずは，Jean-Raymond ABRIAL 氏 (JRA) を紹介したい．1970 年代から形式手法に関わり，形式手法事始めの VDM と並び称される Z 記法，さらに B メソッドならびに Event-B の考案者．この分野の多くが大学に所属するのに対し，キャリアの大半を独立コンサルタント (Independent Consultant) で過ごす．ソフトウェア開発は「数学に戻るべし」と言い，産業界との関わりに軸足を置いて，リファインメントと形式証明に基づく B メソッドを実用化した．パリ地下鉄 14 号線の無人運転システムの成功は，形式手法の成功事例として，常に語られる．これはひとつの突出した事例ではない．シャルル・ドゴール空港内シャトル，ニューヨーク地下鉄，バルセロナ地下鉄，そして，再びパリ地下鉄．このように，続くことが，本当の成功の証である．

　ここでソフトウェア工学の始まりを振り返る．1960 年代後半，開発対象の大規模化ならびに複雑化と共に，プログラミング中心の技術だけでは，開発に不十分なことが強く認識された．そこで議論されたのが，ソフトウェア開発への工学的アプローチの導入である．工学的アプローチとは，解くべき対象問題を明らかにし，解決の標準的な方法（メソッド）ならびにツールを整備すること．これによって，基本的な教育を受けた技術者が自ら問題解決できるようにする．自動車，航空機，宇宙ロケットといった装置を思い浮かべれば理解しやすい．対象を特徴づけるパラメータがあり，数学を基本的な言葉とする自然法則（物理法則）を用いて，解決法の善し悪しを判断する．しばしば言われることであるが，ソフトウェア工学という言葉が誕生して半世紀を経た現在でも，この分野で数学的な方法は主流になっていない．JRA は，まさに，ソフトウェア工学の確立に目を向けてきたことがわかる．

　著者らと B メソッドの出会いに話を移す．1990 年代の日本国内，形式手法に関心を持つ人々は，それほど多くはなかった．欧米の研究活動に接する機会も少ない．そのような時代，1999 年にフランスのツールーズで，国際会議

# まえがき

World Congress on Formal Methods (FM99) が開催された．著者らは FM99 で，B メソッドを用いたパリ地下鉄 14 号線の発表を知る．リファインメントと形式証明に基づく方法で実システムを開発，という話は衝撃だった．その後，国立情報学研究所トップエスイーの中で，形式手法関連講座のカリキュラム編成と教材作成を行うことになる．ツールーズでの記憶から，主要テーマのひとつとして，B メソッドを選んだ．この教材は，2007 年に教科書[8]として公刊された．日本語で書かれた B メソッドの最初の書である．

この間，2004 年秋，チューリッヒのスイス連邦工科大学 (ETH) に出張した折，D. Basin 教授が JRA との技術討議ならびに会食の場を設定して下さった．FP6-ICT の RODIN プロジェクトの頃，JRA は客員教授として ETH に滞在していたのである．いろいろな話の中，「仕様は簡明に」という一言が記憶に残っている．リファインメントで，ソフトウェアの複雑さを乗り越えるのである．

2006 年頃，日本国内では，モデル検査[12]への関心が高まった．これがきっかけとなり，民間企業でも，形式手法全般に話題が広がった[11]．NTT データが中心となり DSF という産学連携コンソーシアムが設立される．民間企業 6 社と国立情報学研究所が連携して，代表的な形式手法の適用可能性実験を実施した．手法のひとつとして Event-B を選んだのであるが，参加者の多くにとってリファインメントと形式証明に基づく方法は新鮮であった．JRA を国立情報学研究所に招聘し，Event-B の講演をして頂いた．2011 年 2 月[*1] と 2012 年 11 月である．本人から直接，話をお聞きすることで，Event-B の思想から技術的な詳細まで，数々の疑問がとけた．

Event-B は，今日，現在でも発展中である．JRA 自身，ハイブリッド・システムあるいは Cyber-Physical Systems (CPS) といった新しい対象のソフトウェアに，Event-B を適用する研究を進めている．

なお，本書の企画は数年前にさかのぼる．瞬く間に時間が経ち，ようやく出版にこぎつけた．一般のソフトウェア技術者にとって，リファインメントと形式証明に基づく方法は，参入の障壁が高いだろう．少しでも本書が役立てば幸いである．

[*1] JRA 帰国後 3 月の大震災．福島の原発から立ち上る白煙はフランスの TV でも大騒ぎ．東京が全滅したかと安否を気遣う電子メールを頂いたことを思い出す．

## ▌ 本書の特徴

Event-B の基本については，JRA 本人による著書[4]がある．単独の書とい

うよりも，Bメソッド[2]との2分冊と考えた方が良い．基本的な事項を網羅しているが，我々が実際にEvent-Bを利用する際には，RODINツールが不可欠である．このことが事情を複雑にする．RODINツールの開発は，欧州の研究開発支援の枠組みFP6-ICTのRODINプロジェクトで始まった．このプロジェクトの成功を受けて，後継のFP7-ICTでは，DEPLOYという大規模な産学連携プロジェクトにつながる．この過程で，RODINツールの開発が本格化した．同時に，中核となる形式仕様言語Event-Bも進化発展していく．このような事情から，JRAの書と現実のEvent-B/RODINの距離が少しずつ広がっていった．DEPLOYプロジェクトは2012年に終了した[16]が，ツール開発は続けられ，2014年3月にRODIN3.0が公開された．本書は，この最新版RODIN3.0に準拠した解説書である．

Event-B/RODINについては，ポータルサイトがあり，最新の情報を入手することができる．

http://www.event-b.org/

RODINならびに関連プラグイン・ツールがダウンロード可能である．Event-B言語仕様ならびに事例に関するレポートも多数公開されている．残念ながら，これらは英語のドキュメントであり，日本語の解説書は未だない．

本書は，著者らの，BメソッドならびにEvent-Bの経験から，その内容を取捨選択した．先にも述べたDSFでの産学連携活動では，ソフトウェア技術者の方々が持つ背景知識と形式手法の教科書が一般に仮定している前提知識のギャップを強く感じた．また，JRAの本[4]からわかるように，Event-Bを学ぶには，適切な例題が大きな役割を果たす．多くの技術者にとって理解しやすい問題設定であって，さらに，Event-Bの特徴を説明できるような例題．これを検討する上で，DSFでの経験を生かすことができたと考えている．さらに，Event-Bとロジック・モデル検査の関係について質問される機会が多かった．これについて，振る舞い仕様の解析方法という形で紹介した．まとまった解説は他にはなく，本書の特徴のひとつになっている．

## 本書の構成

以下，本書の構成概要を紹介する．

**第1章** その黎明期に戻り，そもそも形式手法とは，という話題を紹介する．

多数ある形式手法は，その特徴に応じて，いくつかに分類される[11]．ここでは，Event-Bを含むモデル規範型形式手法に焦点を当てる．また，JRAの昔話をもとに，Event-Bに至る経緯を概説する．

**第2章** Event-Bの基本的な考え方を紹介する．モデリングの道具となる言語要素，正しさの基準を与える証明条件，リファインメントについて，簡単な記述例を用いて説明する．ここでは限られた言語要素を使うだけである．付録に，数学記法などをまとめた．

**第3章** RODINツールを用いるEvent-B仕様作成ならびに検証作業の概要を紹介する．RODINはEclipseベースのGUIツールであり，その機能を，本の形で説明することは容易ではない．さらに，開発が進行中であること，設定法によって画面イメージが変わることという理由から，読者が手元に準備するRODINツールとの相違が生じる可能性も大きい．それでも，RODINツールを使い始める際の参考になるように工夫した．

**第4章** Event-Bの事例として，図書館システムを紹介する．これは，問題設定がわかりやすいと同時に，ビジネス分野のソフトウェアでよく見られる機能，物品（書籍）を管理する機能からなる．集合や関係といった数学的な道具だてを用いるモデリングの方法，イベントの選び方，リファインメントの使い方などを理解してほしい．

**第5章** 組込みシステム分野からの事例として，自動車のドアロックシステムを紹介する．自律並行動作する実体をイベントとして表現する．一方，これらのイベントは決められた順番で実行しなければならない．イベント全体に関わる制御の流れのモデリングと検証の方法を示す例題である．

**第6章** 発展的な話題を簡単にまとめる．複数イベントの実行列からなる振る舞いは時相的な性質を持つ．このような振る舞い仕様を検査する方法の概要を，ProBを具体的なツールとして説明する．また，Event-Bの新しい応用として，CPSへの適用の最新状況を紹介する．

2015年2月

中島　震・來間啓伸

# 目　次

## 第 1 章　形式手法と Event-B

1.1　形式手法とは .................................................. 2
    1.1.1　ソフトウェアと安心 ................................... 2
    1.1.2　構築からの正しさ ..................................... 3
    1.1.3　複雑さへの対応 ....................................... 5
1.2　Event-B ....................................................... 7
    1.2.1　30 年間の発展 ......................................... 7
    1.2.2　集合に基づく仕様記述 ................................. 9
    1.2.3　B メソッドから Event-B へ ........................... 10

## 第 2 章　Event-B 入門

2.1　モデリングの基本的な道具 .................................... 14
    2.1.1　はじめに ............................................. 14
    2.1.2　コンテクストとマシン ................................ 14
    2.1.3　イベント ............................................. 18
    2.1.4　証明条件 ............................................. 21
    2.1.5　到達性の考え方 ....................................... 23
    2.1.6　式言語 ............................................... 25
2.2　リファインメント ............................................ 25
    2.2.1　2 つのリファインメント .............................. 25
    2.2.2　リファインメントの記述 ............................. 28
    2.2.3　リファインメントの証明条件 ......................... 33
2.3　演習問題 ..................................................... 36

## 第 3 章　統合ツール RODIN

- 3.1　RODIN ツールの概要 ................................. 40
- 3.2　RODIN ツールの利用 ................................. 41
  - 3.2.1　画面構成 ...................................... 41
  - 3.2.2　プロジェクトのアーカイブと読み込み ............ 42
  - 3.2.3　Event-B パースペクティブ ...................... 43
  - 3.2.4　プルービング・パースペクティブ ................ 48
- 3.3　Event-B モデルの作成手順 ........................... 52
  - 3.3.1　上位コンポーネントの作成 ...................... 52
  - 3.3.2　リファインメントの作成 ........................ 55

## 第 4 章　事例 1：図書館システム

- 4.1　概要 ............................................... 60
- 4.2　問題の説明 ......................................... 60
- 4.3　考え方 ............................................. 62
  - 4.3.1　キャリア・セットの選択 ........................ 62
  - 4.3.2　リファインメント戦略 .......................... 64
  - 4.3.3　モデル 1 ...................................... 65
  - 4.3.4　モデル 2 ...................................... 66
  - 4.3.5　モデル 3 ...................................... 67
  - 4.3.6　モデル 4 ...................................... 68
  - 4.3.7　モデル 5 ...................................... 70
- 4.4　仕様記述と検証 ..................................... 70
  - 4.4.1　モデル 1 ...................................... 70
  - 4.4.2　モデル 2 ...................................... 72
  - 4.4.3　モデル 3 ...................................... 74
  - 4.4.4　モデル 4 ...................................... 77
  - 4.4.5　モデル 5 ...................................... 81
- 4.5　演習問題 ........................................... 87

# 第5章　事例2：ドアロックシステム

- 5.1 概要 ........................... 90
- 5.2 問題の説明 ........................ 91
- 5.3 考え方 .......................... 93
  - 5.3.1 時間変化のモデル化 ............... 93
  - 5.3.2 要素間の同期のモデル化 ............. 94
  - 5.3.3 リファインメント戦略 .............. 96
  - 5.3.4 モデル1 ..................... 97
  - 5.3.5 モデル2 ..................... 98
  - 5.3.6 モデル3 ..................... 99
- 5.4 仕様記述と検証 ...................... 101
  - 5.4.1 モデル1：センサのモデル化 ........... 101
  - 5.4.2 モデル2：コントローラのモデル化 ........ 103
  - 5.4.3 モデル3：アクチュエータのモデル化 ...... 107
- 5.5 まとめ .......................... 113

# 第6章　発展的な話題

- 6.1 振る舞いの検査 ...................... 116
  - 6.1.1 イベントの実行列 ................ 116
  - 6.1.2 ロジック・モデル検査 .............. 122
  - 6.1.3 振る舞い検査ツール ProB ............ 124
  - 6.1.4 ProB による解析例 ............... 125
- 6.2 DEPLOY プロジェクト以降の Event-B ......... 128
  - 6.2.1 ハイブリッド・システムのモデリングへ ..... 128

# 付録

- A.1 演習問題の解答例 ..................... 136
- A.2 Event-B 数学記法 .................... 144
- A.3 関係と関数 ........................ 149

| | |
|---|---:|
| 参考文献 | 155 |
| 索　引 | 159 |

# 第 1 章
# 形式手法と Event-B

## 1.1 形式手法とは

### 1.1.1 ソフトウェアと安心

　私たちの生活を支える社会基盤がさまざまな形でソフトウェア化してきた．日々使っている金融機関のATM，鉄道の自動改札，デジタルTV，自動車，などの「装置」はソフトウェア技術の比率が一般に想像されるよりも大きい．また，高層ビル，航空機，鉄道，自動車といった巨大システムの開発にはCADと呼ばれるソフトウェアが不可欠になっている．従来，「モノつくり」を中心に発展してきた製造業では，何をつくるかを決める設計あるいはデザインの比重が高まった．産業競争力の源泉がソフトウェア技術に移ったと言える．さらに，さまざまな産業分野のソフトウェア化は止まる事を知らない．ますます便利な世の中になっていく．

　一方で，ソフトウェアが原因となったシステム障害は増えるばかりである．金融関係の障害は社会的な影響がわかりやすいので，TVや一般紙の報道でも，特に大きく取り上げられる．2002年，2011年と2度もシステム障害を起こしたメガバンクは記憶に新しい．2005年の株誤発注事件は2013年でも裁判が続いていた．2010年ニューヨーク証券取引所で起こった株価の瞬間暴落は，プログラムによる高速自動取引きが原因と言われている．これらの不具合の原因は多岐にわたり，ソフトウェアによる障害と一言で片づけては問題の本質を見失う．「喉元過ぎれば熱さ忘れる」だとソフトウェア障害はなくならない．

　アメリカの計算機学会ACMは，1982年に，「複雑かつ大規模なシステムを構築できるようになったことが，逆に，そのシステムの信頼性を怪しくし，社会に大きなリスクをもたらす可能性が増える」という危機感から，リスクを低減する研究を進めることを提言した[1]．障害事例を隠さず共有することが第一歩であるとし，1985年にSRIのP.ニューマンがRISKSニューズグループで事故と対策の事例を収集し公開しはじめた．ニューマンは，2008年，約20年の歩みを振り返る．コンピュータリスク低減の取組みは着実に進んでいるが，一方でコンピュータシステムを取り巻く状況が変化し，従来になかった新しいリスクが増えている．「リスク低減の技術は一歩出遅れる」，と指摘している[2]．

　2007年に，アメリカ科学アカデミー(NAS)は，ソフトウェアのディペン

ダビリティに関するレポート[7]を公表した．絶対的な信頼性はあり得ないことから，システムの用途に応じてディペンダビリティのレベルを決めて，その要求レベルを達成する方法を確立する，科学的な方法に関する基礎研究を進めることを提言した．このレポートでは「ディペンダビリティ」を日常一般に使う「頼りになること」という意味で用いる．リスクが小さいことであり，安心なことと言い換えても良いだろう．技術的な言葉としては，信頼性と安全性の両方を含む．

　信頼性とは，想定された条件下で，期待される機能を持続することである．プログラムバグや装置故障があれば，期待される機能を果たすことができない．ソフトウェアの場合であれば，バグを除去する技術の確立が高い信頼性の確保につながる．一方，何らかの理由によって想定条件が崩れた場合，あるいは，期待される機能を失った場合，システムがどのような振る舞いをするかには言及しない．現実には絶対的な信頼性はあり得ないことから，信頼性を考えているだけでは，求められるディペンダビリティを達成できない．

　安全性は，この言葉が使われる文脈によって，さまざまに解釈される．日常では「許容範囲のリスク」という意味で使うことがある．信頼性が担保できていれば，リスクは許容範囲で収まり，安全性が満たされるだろう．一方，システムを論じる場合，安全性は，これとは異なる意味を持つ．当該システムがどのような状態にあっても満たす性質，全ての状態で満たす性質のことを言う．期待される機能を失った状態であっても満たすべき性質である．その性質を満たす方法を論じることが，安全性を考えることである．このように安全性は信頼性とは異なる概念である[3]．

　ディペンダブルなシステム，つまり，安心して使えるシステムでは，信頼性と安全性の両方が必要である．NASのレポートは，期待されるディペンダビリティを達成する科学的な方法として，形式手法と総称する技術の重要性を説いている．

### 1.1.2　構築からの正しさ

　形式手法のそもそもの目的は，プログラム構築手法に科学的な基礎を与えることだった．形式化の規範として数学に拠り所を求め，数理論理と呼ぶ体系を採用する．一般に，プログラム構築作業，つまりプログラミングは，人間の知的な活動とされる．人間が行う思考の方法を形式化することは，論理

学の目指すところであった．そこでは，記号を用いることで，思考の方法を表す．形式手法が数理論理に拠り所を求めるのも自然なことと言える．

K. ロビンソンが作成した年代記を参考に整理すると，次のようになるだろう．

- 1960 年：J. バッカス，P. ナウア —— BNF for Specifying Syntax
- 1967 年：R. フロイド —— Assigning Meanings to Programs
- 1969 年：C.A.R. ホーア —— An Axiomatic Basis
- 1972 年：C.A.R. ホーア —— Proofs of Correctness of Data Representation
- 1976 年：E.W. ダイクストラ —— Correct by Construction

バッカスとナウアはプログラミング言語の構文を簡潔に表現する形式 BNF を考案した[4)5)]．フロイドは手続き型プログラムに相当するフローチャートを対象として，処理内容 (Meanings) を述語論理で表現する方法を論じ[6)]，プログラムに表明 (Assertions) を付加した．ホーアはフロイドの方法を整理し，プログラミング言語の構文要素（逐次実行，条件分岐，繰り返し，等）が表す計算規則を，述語論理の推論規則によって表現した[7)]．これを，フロイド・ホーアの公理的意味と呼ぶ．以上によって，プログラムを数理論理の枠組みで表す方法が整理された．しかし，プログラム作成方法の形式化には至っていない．

N. ヴィルトの教科書[8)]にあるように，プログラムはアルゴリズム（処理手順）とデータ構造からなる．プログラミングは，作成するプログラムが果たすべき機能を表す仕様を出発点として，プログラミング言語要素の組み合わせからなるプログラムに具体化していく作業である．初期仕様を詳細化，具体化していく手順を整理すれば良い．これを，段階的詳細化の技法[9)]と呼ぶ．ホーアは，データ構造の具体化に着目し，抽象的なデータ表現と具体的なデータ表現の間に模倣関係を定義する方法を導入した[10)]．集合や列といった数学的な対象を，配列やリストといったプログラミング概念に置き換える．処理内容が正しく変換されることを確認する．これによって，段階的な詳細化技法を数理論理の枠組みで説明することが可能になった．

科学的なプログラム構築手法の学術的な研究は進展したが，産業界での実用的なプログラム開発では，テスト実行によるプログラムの品質保証が主流である．このことは，1960 年代でも，21 世紀になった現在でも変わらない．ダイクストラは 1972 年度チューリング賞受賞講演[11)]で，テスト技術はプロ

グラムの正しさを示すことができないと論じた．開発済みの膨大なプログラムを検査する事後検査は不可能に近い．そこで正しいプログラムの系統的な開発方法を確立する研究を行うことを提唱した．

これは後に，構築からの正しさ (Correct by Construction) と呼ばれる．先に述べたホーアの方法などが具体的な学術研究の成果となり，構築からの正しさを達成する技術の確立は，形式手法の中心課題になっている．

### 1.1.3 複雑さへの対応

構築からの正しさは，初期仕様から出発し，詳細化の正しさをひとつひとつ確認しながら，プログラムを導出するという考え方に立つ．仮に初期仕様が正しいとすると，正しい記述から出発し，正しさを確認しながら，誤りのないプログラムを得ることができる．つまり，信頼性を確保する系統的な方法となる．

一方，この方法は，何が正しい初期仕様であるかについては言及しない．先に示した年代記の時代を見直してほしい．形式手法の黎明期，ソフトウェア開発の出発点はプログラムの設計だった．まさに，アルゴリズムとデータ構造が全てである．何らかの方法で，「正しい」初期仕様が得られることを前提としていればよかった．構築からの正しさの方法によって，期待の信頼性を達成できる．ところが，初期仕様には，安全性への配慮が含まれているとは限らない．安全性を考慮した初期仕様を作成する方法やこのような好ましくない初期仕様を取り除く仕組みに欠けている．

1980年代，ソフトウェア開発法への理解が進み，構造化設計やオブジェクト指向分析設計の方法が考案された．UMLはモデリング言語という新しい考え方をもたらし，現在では産業界で標準的に使われている．ソフトウェア開発の課題が，プログラム設計より前の作業，つまり，開発上流工程に移った．技術発展と共に，ソフトウェアの適用範囲が大きく広がったことが理由のひとつだろう．コンピュータシステムを取り巻く状況が変化し，ソフトウェア開発の技術自身が，従来になかった新しい課題に直面した，と言える．

形式手法の黎明期，「複雑さ」と言えば，プログラムの複雑さのことであった．たとえば，整数の集まりを表現するのに，配列やリストを使わなければならない．どちらのデータ構造を用いるかによって，各要素への処理方法が変わる．表現したい内容（機能や振る舞いの仕様）を，プログラミング言語

が提供する言語要素の組み合わせ（プログラム）として実現する．このプログラムが複雑になった．だから，段階的な詳細化の方法が構築からの正しさの基本となった．

一方，開発上流工程で遭遇する「複雑さ」は，このようなプログラムの複雑さだけではない．開発対象システムの大規模化に伴う複雑さであったり，システムが稼働する外部環境の複雑さである．このような複雑さの森に分け入り，安全性への適切な配慮を取り込むという作業も含まれる．「複雑さ」という言葉を軸に，形式手法の年代記を続けてみよう．

- 1981 年：C.A.R. ホーア
  「設計を単純にして欠陥をなくす，あるいは，複雑さを放置して欠陥が明らかでないようにする」
- 1995 年：M. ジャクソン
  「システム開発の難しさは，取り巻く環境を含む対象そのものが複雑であり予測困難なことにある」
- 1996 年：D. ジャクソン
  「対象モデリングの鍵となる抽象化作業では，軽量形式手法ツールを用いた繰り返しが有用である」
- 2011 年：M. ショー
  「ソフトウェアを支配するのは自然法則ではなく複雑さである」

ホーアの言葉はチューリング賞受賞講演のもの[12]．設計を単純にすること，プログラムの複雑さを軽減することが，形式手法の目的であると述べている．

ところが，時代が進むと共に，ソフトウェア技術が大きく広がった．M. ジャクソンは，「システムが有用なのは，取り巻く環境（外界）と関わりを持つからである」と指摘した[13]．たしかに，入出力が一切ないシステムは何をしているのか不明だし，役に立っているのかもわからない．そこで，M. ジャクソンは，外界との関わりを注意深く調べることで，システムと外部とのインタフェースを決めることの重要性を論じる．安全性を論じる際には，システムを利用する人間を含む外界への影響を考慮することが中心課題である．

一方で，外界は，人間のさまざまな営み，森羅万象，宇宙の全体を含むかもしれない．適切な抽象レベルで物事を考える必要がある．抽象モデリングを行う際，曖昧な記述をもとに物事を論じることは，心もとない．設定した抽象レベルが適切でないのか，記述の曖昧さが原因なのかがわからなくなる．そこで，D. ジャクソンは，抽象モデリングを支援する方法として，形式手法

を用いることを提案する．わかりやすい初期記述から出発し，自動解析ツール支援によるフィードバックを得ながら，期待される「抽象」を具体的に書き表した記述を得る．この繰り返し過程こそが，抽象モデリングの本質であると論じる[14]．ここに，信頼性達成の技術として発展してきた形式手法が，抽象モデリングの基礎になることで，安全性の課題に立ち向かう道具となることがわかる．

D. ジャクソンは，抽象モデリングで使用する形式手法ツール Alloy を開発した．Alloy は構築からの正しさを目指す形式手法とは一線を画すもので，軽量形式手法と呼ばれている．なお，同様な「軽量手法」の重要性は，VDM の中心人物である C. ジョーンズも指摘している[15]．実際，後年，VDM は技術の中心を，実行可能な仕様言語へと姿を変えた．抽象モデリングの手段として，プログラミング言語よりも高次の言語要素を持つ実行可能な言語を提供するというものである．

最後に，ショーは，「ソフトウェア工学とは何か？」という問いかけへの答えとして，複雑さに言及した．「ソフトウェア工学は科学的な知識を先んじて適用する」と述べている[16]．では，ここで言う「科学的な知識」とは何を含むのであろう．

繰り返しになるが，複雑さには，さまざまな理由がある．一般に報道されるソフトウェア事故の本質は，ソフトウェアシステムの複雑さに，人間（管理者，開発者，運用者，等）が対応できていないことにある．複雑さには多くの理由があるにも関わらず，その違いを意識しない泥縄式の対応が失敗原因の大半を占める．これらの複雑さの原因を探り，複雑さを軽減することが，ソフトウェア工学が必要とする科学である．多様な複雑さ，その全てではないにしても，形式手法が，複雑さを軽減する道具になることは疑いない．つまり，形式手法は，ショーが想定する「ソフトウェア工学の科学的な知識」に含まれる．

## 1.2 Event-B

### 1.2.1 30 年間の発展

Event-B は J.-R. アブリエル (Jean-Raymond Abrial) が提案し，欧州のプロジェクト DEPLOY で研究開発が進められた形式手法である．Event-B の

# 第 1 章 形式手法と Event-B

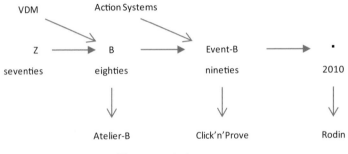

図 1.1　Z/B/Event-B

前身である B メソッドが産業界で大きな成功をみたこともあり，最も注目されている形式手法のひとつと言えよう．

図 1.1 はアブリエル本人による「歴史」である [5]．公理的集合論による仕様記述とリファインメントを軸に，Z 記法，B メソッドならびに Event-B の研究に関わってきたことがわかる．J.-R. アブリエルの代表的な成果の年代記を示す．

- 1980 年：Specification Language ── 公理的集合論による仕様記述
- 1996 年：Assigning Programs to Meanings ── B メソッド
- 2010 年：System and Software Engineering ── Event-B

B メソッドに関する書籍 [2] の副題 Assigning Programs to Meanings は，R. フロイドの論文題名 Assigning Meanings to Programs の裏返しになっている．フロイドの論文はプログラム（フローチャート）に付与した表明（アサーション）によって，機能振る舞いを数理論理で表現する方法を提案した．そこで，「プログラムに意味を対応させる」とした．一方，アブリエルの書の副題は，「仕様 (Meanings) にプログラムを対応させる」とする．リファインメントに基づいて，構築からの正しさを達成し，仕様からプログラムを導出するという考え方を端的に言い表している．なお，フロイドの論文は，フロイド–ホーアの公理的意味の方法につながった論文であり，B メソッドの意味はフロイド–ホーアから発展した E.W. ダイクストラの最弱事前条件の方法を使っている．洒落た副題である．

以下では，歴史的な発展の経緯を振り返る．そもそも何が考え方の基本であったか，どのように変わったかを見てみよう．

## 1.2.2 集合に基づく仕様記述

J.-R. アブリエルの基本的なアイデアは，集合記法をプログラムやシステムの設計仕様表現に用いるというものである[1]．当時，ソフトウェアの設計と言えば，プログラムの処理手順とデータ構造を決めることだった．作成するプログラムの正しさを表現する方法として，集合記法と1階述語論理に基礎を持つ仕様言語を導入した．つまり，プログラムの複雑さを軽減することを目的として，適切な抽象レベルで機能や振る舞いを表現可能な仕様言語が必要と考えたのである．

1970年代の後半というと，形式手法の基本的な考え方が出そろった頃であり，以下の3点を基本原則とする仕様言語の有用性が合意できたとしている．

- 数学の伝統にしたがった厳密な形式化を採用すること
- 形式化の基礎として集合論が役立つこと
- 形式記述を構造化する枠組みが必要なこと

仕様の表現だけではなく，仕様が満たすべき性質，仕様の論理的な整合性や正しさを証明する道具として，集合と述語論理を用いることを意図した．ただし，数学の伝統にしたがって，人間が行う「手証明」を想定している．なお，アブリエル本人は，ここで提案した集合に基づく仕様言語は名無しであるものの，最初のZ記法であると述べている．

1970年代終わりに，J.-R. アブリエルはオックスフォード大学のホーア研究グループに招かれた．上記の仕様言語で提案したアイデアに沿って，プログラム仕様を厳密に書き表すのに必要な最低限の記法を，ZF集合論を基に検討した．通常のプログラミング言語が持つ要素よりも一般的な概念として，集合記法を使う．その後，その成果はZ記法と呼ばれることになった．

Z記法の研究開発は，アブリエルがオックスフォード大学を離れた後も，精力的に続けられ，産業界との共同プロジェクトとなった．IBMのトランザクション管理システムCICSへの適用事例は，実用的な成果とされている．このことからZ記法は，産業界で役立つ実際的な技術の確立を目指したことがわかる．なお，形式手法は，欧風ソフトウェア工学と呼ばれることもあり，学術的な興味が主体の純粋な理論コンピュータ科学とは一線を画す．

### 1.2.3　BメソッドからEvent-Bへ

J.-R. アブリエルは2年の間，オックスフォード大学で過ごした後，フランスに戻る．Z記法に比べて，仕様記述とプログラムの関係が明らかな形式仕様言語を新たに考案する取り組みを開始した．

オックスフォード大学の同僚であったC. ジョーンズから，VDMの考え方，特に，リファインメントや証明条件による性質検証の方法などの影響を受けた．その成果は，Bメソッドとしてまとめられ，パリ地下鉄14号線の開発に使われた．これが有名な，Météorプロジェクト[17]であり，Bメソッドの実用的な成功事例として記憶されている．

Bメソッドの仕様記述は抽象機械 (Abstract Machine) から構成される．データ構造に相当する定数，変数，公理と，手続き仕様に対応するオペレーション (Operation) からなる．オペレーションは，事前・事後条件によって表現し，条件の式は1階述語論理，集合記法，算術演算，などからなる．事後条件は逐次型言語の構文を持ち，E.W. ダイクストラによる最弱事前条件 (Weakest Pre-Condition) の方法を用いて，証明条件を求める．

Bメソッドのリファインメントは抽象機械を対象とする．3つの方法があり，非決定性など実行不可能な要素の除去，制御構文の導入，データの具体化，である．リファインメントが正しいことは，リファインメント前後の抽象機械から得られる証明条件によって確認する．リファインメント前と後の抽象機械ならびに両者の対応関係を表した抽象化関係の3つの整合性を確認するリファインメント検査である．

Bメソッドの証明条件は1階述語論理の式であり，自動証明は不可能である．Météorプロジェクトの一部として，Bメソッドの証明支援ツールAtelier-Bが開発された．これは可能な限り自動証明を試みるが，自動証明ができない場合には，対話的な証明に切り替える．

その後，Bメソッド実適用の過程で，新たな構文処理ツールとして，自動リファインメント (Automated Refiner) EditB[*1]が開発された．このツールを用いるとリファインメント証明条件が定型化するので，証明条件の自動証明率が向上する．Bメソッドの2つの適用事例であるパリ地下鉄14号線とシャルル・ドゴール空港シャトルを比較すると，後者の自動証明率が高い[3]．これは自動リファインメントツールを用いたことが理由である．

Bメソッドは機能設計の考え方に基づき，通常のソフトウェア開発工程に合わせると，詳細設計での適用に相当する．一方，大規模システムでは，詳細

---

[*1] Matra社（現在, Siemens）の社内向けツールで非公開．

設計よりも前の工程での設計品質が，システムの信頼性に大きく関わる．そこで，J.-R. アブリエルは，システムのモデリングや要求仕様の作成を支援する新しい形式仕様言語 Event-B を考案した．並行性やリアクティブ性を表現する必要から，R.-J. バックが考案した Action Systems[18] の影響を受けた．このバックの形式仕様言語はダイクストラのガードコマンド言語[19]と密接に関連する．Event-B は，構築からの正しさを目指したダイクストラの直系にあると言える．

Event-B の研究は，欧州フレームワーク・プログラムの研究資金を得て，複数の大学が参加するプロジェクトとして進められた．基本となる集合論やリファインメントの考え方はBメソッドを継承する．一方，Event-B は仕様記述の単位をイベントとした．イベントはシステムで起こる「何か」を表す．要求項目を段階的に形式化する過程では，水平リファインメントという技法を用いる．これが可能なのは，仕様記述の道具であるイベントがガード条件を採用していることと強く関連している．

現在，Event-B の仕様構築統合環境として，RODIN プラットフォームを利用できる．Eclipse 上のツール環境であって，基本的な証明ツールに加えて，さまざまな拡張機能がプラグインとして開発，提供されている．Event-B はコア言語記法という位置づけであり，特定アプリケーション領域の仕様表現と検証を簡便に行うドメイン指向言語のベースにもなっている．

最後に，J.-R. アブリエルは，Bメソッドと Event-B の使い分けについての見通しを次のように述べている．Event-B によるシステム・モデリングの後に，識別されたソフトウェア・コンポーネントをBメソッドで詳細化する．この使い分けは，Bメソッドと Event-B に想定される適用工程を考慮した原理的なもの．2013 年時点で，このような方法が適用された実開発は，未だない，ということである．

## 参考文献

1) A. Goldberg : ACM President's Letters, *Comm. ACM*, 28(2), pp.131–133, 1985.
2) P.G. Neumann : Reflections on Computer-Related Risks, *Comm. ACM*, 51(1), pp.78–80, 2008.
3) 向殿政男：コンピュータ安全と機能安全, *IEICE Fundamentals Review*, 4(2), pp.129–135, 2010.

4) J.W. Backus : The Syntax and Semantics of the Proposed International Algebraic Language of the Zurich ACM-GAMM Conference, *Proc. ICIP*, pp.125–132, 1959.

5) P. Naur (ed.) : Report on the Algorithmic Language ALGOL 60, *Comm. ACM*, 3(5), pp.299–314, 1960.

6) R.E. Floyd : Assigning Meanings to Programs, *Proc. Symp. Applied Mathematics*, vol.19, pp.19–32, 1976.

7) C.A.R. Hoare : An Axiomatic Basis for Computer Programming, *Comm. ACM*, 12(10), pp.576–580,583, 1969.

8) N. Wirth : *Algorithms + Data Structures = Programs*, Prentice Hall 1976.

9) N. Wirth : Program Development by Stepwise Refinement, *Comm. ACM*, 14(4), pp.221–227, 1971.

10) C.A.R. Hoare : Proof of Correctness of Data Representations, *Acta Informatica*, vol.1, pp.271–281, 1972.

11) E.W. Dijkstra : *The Humble Programmer*, 1972.

12) C.A.R. Hoare : *The Emperor's Old Clothes* — ACM Turing Award Lecture, 1981.

13) M. Jackson : The Role of Formalism in Method, *Proc. FM* 1999, p.56, 1999.

14) D. Jackson : *Software Abstractions — Logic, Languages, and Analysis* (rev.), The MIT Press 2012.

15) C. Jones : A Rigorous Approach to Formal Methods, *IEEE Computer*, 29(4), pp.20–21,1996.

16) M. Shaw : Whither Software Engineering Education?, an invited talk at IEEE CSEE&T 2011.

17) P. Behm, P. Benoit, A. Faivre, and J.-M. Meynadier : Météor — A Successful Application of B in a Large Project, *Proc. FM' 99*, pp.369–387, 1999.

18) R.-J. Back and K. Sere : Superposition Refinement of Reactive Systems, *Formal Aspects of Computing*, 8(3), pp.324–346, 1995.

19) E.W. Dijkstra : Guarded Commands, Non-Determinacy, and Formal Derivation of Programs, *Comm. ACM*, 18(8), pp.453–457, 1975.

# 第 2 章

## Event-B 入門

## 2.1 モデリングの基本的な道具

### 2.1.1 はじめに

Event-B は形式仕様言語であるが，決められたテキスト構文がない，とされている．Eclipse ベースのツール RODIN が管理する対象モデルの構成要素の集まりによって，Event-B の記述を表現する．また，適切なプラグインを作成することで，応用分野の基本概念を構文要素とするドメイン指向言語を，Event-B の上位言語として導入する，という考え方に立つ．ドメイン指向言語は，構文処理，証明条件の生成，Event-B への変換，などのツール機能からなる．このような開発支援環境を前提とした言語定義の考え方は，1970 年代後半の LISP マシンや Smalltalk-80 から広まった．対話プログラミング支援環境[1]の方法を形式仕様言語に応用したものと言える．

さて，Event-B を用いてモデリングを行う，つまり仕様記述を作成するには，RODIN を使う．当たり前のことを述べているようであるが，これが物事をややこしくする．J.-R. アブリエルの本[4]では Event-B の言語仕様を説明しているが，RODIN と全く同じというわけではない．この本の執筆当時，RODIN は発展中のツールであり，その後，言語仕様も変化した．仕様を作成する立場としては，ツールである RODIN の規定を優先せざるを得ない．逆に，これによって，Event-B の正確なドキュメントが欠如していた[*1]．

本章では，さまざまな文献で説明されている Event-B と RODIN での違いが生じない基本的な範囲を中心に解説する．たとえば，証明条件については概念的な定式化を紹介する．

### 2.1.2 コンテキストとマシン

Event-B 記述の基本的な構成要素は，コンテキスト (Context) とマシン (Machine) と呼ぶモジュールである．一般のプログラムとの比較によって簡単に述べると，コンテキストはデータ構造を定義し，マシンは機能仕様を表すイベントの集まりからなる．また，マシンは適切なコンテキストを参照する．このようにコンテキストとマシンは仕様記述の大規模化に対するモジュール化の基本構成要素である．図 2.1 にコンテキストとマシンの関係を例示した．

マシンは，SEES によって参照するコンテキストを指定する．図 2.1 では

---

[*1] 巻末の文献[16]の付録にある T.S. Hoang による解説が概ね最新の言語仕様である．

2.1 モデリングの基本的な道具

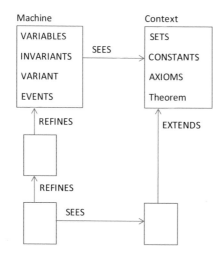

図 2.1 コンテクストとマシン

説明していないが，複数のコンテクストを参照することも可能である．また，図 2.1 には，後に説明するリファインメントに関連する情報 (EXTENDS, REFINES) も示した．以下，コンテクストならびにマシンの構成要素を説明する．

■ コンテクストの構成要素

- 集合 (Sets)
  天下り的に導入した集合名．台集合 (Carrier Set) ともいう．空集合でない．
- 定数 (Constants)
  値が変化しない記号名を宣言する．
- 公理 (Axioms - not theorem)
  集合，定数の間の関係を，Event-B の式言語で表現する．正しいことを仮定する．
- 定理 (Axioms - theorem)
  性質とも呼ぶ．公理と同じ形式であるが，その正しさを証明する必要がある．

■ コンテクストの具体例

図 2.2　集合の導入

簡単なコンテクストの例（コンテクスト名 C0）を示す．C0 は 2 つの集合（Person と Sake），3 つの定数 (Customer, Quantity, M) を新たに導入した．図 2.2 に示したように，Customer は Person の部分集合である．また，M は 1 以上の自然数，Quantity は 1 から M までの値をとる．

```
CONTEXT    C0
SETS
    Person
    Sake
CONSTANTS
    Customer
    Quantity
    M
AXIOMS
    axm1 : Customer ⊆ Person
    axm2 : finite(Sake)
    axm3 : M ∈ ℕ₁
    axm4 : Quantity = 1..M
END
```

定数に関わる性質は公理によって表す．ラベル axm1 は集合の包含関係，ラベル axm2 は Sake が有限集合であることを組込み述語 $finite$ を使って明示した．ラベル axm3 は M が組込みの集合 $\mathbb{N}_1$（0 を含まない自然数）の要素であることを示す．ラベル axm4 は Quantity が 1 から M の区間であることを表現している．

もうひとつのコンテクスト MODE の例を示す．いくつかの定数からなる列挙型を定義することに似ている．この例では，3 つの定数要素 (Open, Close, Rest) からなる集合 Mode を導入する．

```
CONTEXT   MODE
SETS
  Mode
CONSTANTS
  Open
  Close
  Rest
AXIOMS
  axm1 : partition(Mode, {Open}, {Close}, {Rest})
END
```

集合 Mode が 3 つの要素のみから構成されることを示す公理が必要である．組込み述語 *partition* を用いて，集合 Mode が 3 つの集合 {Open}，{Close}，{Rest} に区分けされることを明示した．

## ■ マシンの構成要素

- コンテクスト参照 (SEES)
  参照するコンテクストを指定する．複数のコンテクストを指定することも可能である．
- 変数 (Variables)
  値が変化する（状態変化を表す）記号名を宣言する．
- 不変条件 (Invariants)
  変数に関する性質（集合，定数，他の変数との関係）を Event-B の式言語で表現する．全ての状態で成り立つ．
- イベント (Events)
  機能仕様を変数値の変化として表現する．初期化イベントと通常イベントに分けられる．通常イベントには 2 つの形式がある．詳細は次の項を参照のこと．

## ■ マシンの具体例

先ほど定義したコンテクスト C0 と MODE を参照する簡単なマシン M0 の一部を示す．3 つの変数 (Requested, Tags, working) を導入した．Requested は注文主を表し，Customer の部分集合になる．Tags は注文主に注文数量を対応させる．また，working は営業時間内 (Open)，営業終了 (Close)，休憩

中 (Rest) のいずれかを示す．

```
MACHINE    M0
SEES       C0
   MODE
VARIABLES
   Requested
   Tags
   working
INVARIANTS
   inv1 : Requested ⊆ Customer
   inv2 : Tags ⊆ Requested×Quantity
   inv3 : working ∈ Mode
EVENTS
   （省略）
END
```

変数が満たす性質は不変条件で表す．ラベル inv1 は Requested が Customer に含まれることを示している．Customer を型情報と考えると，変数 Requested の型宣言とみなすこともできる．たしかに，一般に，変数の型情報は，状態が変化しても常に満たされる不変条件である．ラベル inv2 は Tags が Requested と Quantity の組として表されることを，これらの直積（×）で表現している．ラベル inv3 は変数 working の「型情報」を表す．

## 2.1.3 イベント

イベントはガード条件 G とアクション S からなるガードコマンド (Guarded Command) で，状態ベース仕様 (State-based Specification) の具体的な表現方法を与える．イベント発火の模式的な説明を図 2.3 に示す．ガード条件が発火前状態で成り立つ時，イベントが発火し，後状態をアクションが満たす条件に置き換える．ここで状態 $\sigma$ は変数の値（と集合ならびに定数）の組として定義されており，コンテキストで与えた公理ならびに定理が成り立つ．図 2.3 では，状態 $\sigma$ の要素として定数 $c$ を明示した．ただし，集合 $s$ は省略．

イベントはガード条件の表現によって 3 つに分類できる．もっとも一般的な形式は，$t$ を局所変数（一時変数），$v$ と $v'$ を変数として，

$$\text{any}\ \ t\ \ \text{where}\ \ G(t,v)\ \ \text{then}\ \ S(t,v,v')\ \ \text{end}$$

である．変数 $v$ はイベント実行前の値を参照し，変数 $v'$ は実行後の値を示す．

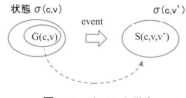

図 2.3 イベント発火

前状態の値 $v$ に対してガード条件 $G(t,v)$ を満たす変数値 $t$ を求め，後状態の値 $v'$ をアクション $S(t,v,v')$ によって生成する．局所変数を持たないイベントの場合は

　$when\ \ G(v)\ \ then\ \ S(v,v')\ \ end$

となる．また，初期化イベントを表現するのに，ガード条件が常に成り立つとした形式

　$begin\ \ S(v')\ \ end$

がある．初期化は無条件に行われるので，このような形式が特別に用意されている．なお，上記では，煩雑さを避けることを目的として，集合 $s$，定数 $c$ を省略した．省略しない場合，$G(s,c,t,v)$，$S(s,c,t,v,v')$ のように表記する．

ガード条件 $G$ は Event-B の式言語で表した論理式である．一方，アクション $S$ は一般化代入 (Generalized Substitution) と呼ばれる 3 つの形式のいずれかである．一般化代入は，$E$ を Event-B の式，$Q$ を述語とする時，

　$x := E(t,v)$　　値が一意に決まる (deterministic)
　$x :\in E(t,v)$　　右辺の計算結果（集合）の要素を非決定的に代入する
　$x :\mid Q(t,v,x')$　右辺の述語を満たす変数 x' の値を非決定的に代入する

ことによって，変数 $x$ の値を更新する．Event-B ではアクションの定式化として，前後述語（before-after 述語）を用いることもあるが，ここでは説明を省略した．

■ **イベントの具体例**

イベントの記述例を簡単なものから順に紹介する．最初に，初期化イベント INITIALIZATION は，変数に初期値設定する．マシン M0 が持つ 2 つの

変数 Requested と Tags は集合を値としてとるので，初期値として空集合を選べば良いだろう．変数 working は初期値を Close とした．

M0-Initialization $\triangleq$
**begin**
    act1 : Requested := ∅
    act2 : Tags := ∅
    act3 : working := Close
**end**

ここでは，値が一意に確定する代入文を用いた．次に，仕事を開始するイベント Start を示す．変数 working の値が Close か Rest の時にのみ値を変更する．

M0-Start $\triangleq$
**when**
    ¬(working = Open)
**then**
    act1 : working := Open
**end**

最後に，新たな顧客が注文を出すイベント Order を示す．営業時間内に，新しい顧客から，ある数量の注文がある時の振る舞いを示す．処理内容は，変数 Tags に注文内容を記録することとした．

M0-Order $\triangleq$
**any**
    c
    d
**where**
    grd1 : working = Open
    grd2 : c ∈ (Customer\Requested)
    grd3 : d ∈ Quantity
**then**
    act1 : Requested := Requested ∪ {c}
    act2 : Tags := Tags ∪ {c ↦ d}
**end**

ガード条件は 3 つの部分から構成されている．ラベル grd1 は営業時間内にのみ，本イベントが実行可能になるという条件に対応する．ラベル grd2 と grd3 は「入力引数」を表現するのに似ている．ラベル grd2 は注文主が新しい顧客であることを示し，集合 Customer で Requested に含まれない要素をひとつ選択し，一時変数 c に束縛することを表す．ラベル grd3 はより単純で，入力

変数 d が「Quantity 型」であることを示している．

アクションは 2 つからなり，ラベル act1 は注文主を変数 Requested に登録する．ラベル act2 は変数 Tags に新しい要素として，注文主 (c) と注文数 (d) の対応関係（$c \mapsto d$）を追加する．

■ ガード条件についての補足

イベントのガード条件は事前条件ではないことに注意してほしい．一般に，オペレーションが事前条件 $Pre$ を持つ場合，$Pre$ が成り立たない状態に対して，当該オペレーションの実行結果（事後条件 $Post$）は保証されない．$Pre \Rightarrow Post$（$\Rightarrow$ は論理包含）と考えるので，$Pre$ が偽の場合，この論理式は常に真になる．つまり，後状態が確定しない．一方，イベントのガード条件は，これが成り立つ状態に対してのみ実行結果（アクション）が定義される．

伝統的に，Z 記法では，前者を「契約としての解釈 (Contractual Interpretation)」，後者を「振る舞い解釈 (Behavioral Interpretation)」と呼んで区別していた[2]．前者では，$Pre$ を真にするのは，このオペレーションを呼び出す側の責任である．B メソッドは契約としての解釈であり，Event-B は振る舞い解釈である．

イベントのもっとも一般的な形式は，局所変数を導入する方法を提供している．形式的には，ガード条件 $G(s,c,t,v)$ を満たす変数 $t$ が存在することを示す．一方，いくつかの典型的な使い方がある．イベントには，手続きや関数と異なり，入力変数の考え方がないことに注意したい．入力変数を表す場合，別途与えた集合（を値として取る定数や変数，以降，集合値定数あるいは集合値変数と呼ぶ）から，任意の値を選び出すという書き方をする．たとえば，$v$ を集合値変数とする時，$G(t,v) \equiv t \in v$ とすることで，集合 $v$ の任意の値を入力とすることを表す．

### 2.1.4 証明条件

Event-B は，コンテクストならびにマシンで導入された記号（定数，変数）に関わる性質の正しさを検査する方法として，証明条件の考え方を採用する．証明条件は，構文的に抽出可能な情報をもとにして構成した論理式であって，モデリング言語の要素に意味定義を与える．以下，代表的な証明条件を紹介

する．ここでは，シーケント（Sequent, $\vdash$ の関係）で表現する．$A \vdash C$ は，$A$ が成り立つ時に $C$ が成り立つと読む．また，次のような記号を用いる．

$A(s,c)$ 　　　コンテキストにある公理ならびに定理

$I(s,c,v)$ 　　マシンにある不変条件

### ■ コンテキストに関連する証明条件

コンテキストに関連する証明条件は，定理が成り立つことである．

THM (theorem)
$$A(s,c) \vdash th(s,c)$$

定理 $th(s,c)$ は，公理 $A(s,c)$ から証明可能でなければならない．より詳しくは，証明の対象となっている定理よりも「前に書かれた」定理を証明の仮定として使うことができる．なお，公理が矛盾していると，全ての証明条件が有用でないことに注意すべきである．この注意事項は，以下に説明する他の証明条件にも当てはまる．

### ■ イベントに関連する証明条件

マシンに関連する証明条件はイベントや不変条件を意味付けする．

FIS (feasibility)
$$A(s,c), I(s,c,v), G(s,c,t,v) \vdash (\exists v' \, . \, S(s,c,t,v,v'))$$

イベントのアクションを満たす状態が存在する．

INV (invariant preservation)
$$A(s,c), I(s,c,v), G(s,c,t,v), S(s,c,t,v,v') \vdash I(s,c,v')$$

イベント発火の前後で不変条件が保存される．初期化イベントは，そもそもの性質から，発火前の状態を規定しない．発火後の状態に関わる証明条件を特別に導入する．

INIT(initialization)
$$A(s,c) \vdash (\exists v' \, . \, S(s,c,v'))$$

これは初期化イベントに関する FIS 規則で，初期状態が存在することを証明する．最後に，初期化イベント発火後に不変条件が満たされることを示す証明条件がある．

INV (invariant establishment)
$A(s,c), S(s,c,v') \vdash I(s,c,v')$

> **✎ RODIN による証明**
>
> RODIN は Event-B 記述リポジトリから証明条件を抽出し，証明ツールで自動検証を試みる（第 3.2 節を参照）．この証明に失敗すると，対話的な検証作業が必要となる．この後，証明ツールの能力限界によって自動検証ができないのか，Event-B 記述が誤っていたのか，といった原因追究を行う．経験的には，本質的な誤りよりは，自動検証ツールの限界が理由であることも多い．この場合，対話的な証明に切り替える．ツールが表示する条件の中から，証明に必要な仮定を選択して，再度，自動検証ツールを起動する．
>
> また，証明の前提条件（仮定）が弱い（足りない）ことによって自動証明に失敗することがある．暗黙のうちに想定していた前提条件を明確化でき，形式検証を行うことの利点であろう．一方，証明ツールを変更する，論理的に等価な別表現に書きかえる，などによって自動的な検査率を向上できることもある．経験と工夫が大切である．

## 2.1.5 到達性の考え方

これまでに説明した証明条件は，ひとつのイベントに対する正しさの基準だった．一方，システムの機能仕様という観点からマシンを考える場合，イベントの発火系列からなる経路が意図通りの実行列になることを確認したいだろう．

記述対象のシステムが期待通りの振る舞いを示すことは，局所的な状態変化を調べれば良い（証明条件 FIS と INV）．しかし，図 2.4 に示したような

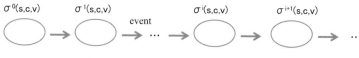

図 2.4 イベント発火による状態の列

状態変化の列が，期待通りの状態に至るか，といった到達性は，局所的な状態変化の確認だけではわからない．複数イベントの発火系列が関わる場合の取り扱いを考える必要がある．Event-B では到達性を直接扱う証明条件はなく，複数イベントが関わる式として表される．

DLKF (deadlock freedom)
$$A(s,c), I(s,c,v)$$
$$\vdash (\exists t_1.G_1(s,c,t_1,v)) \lor (\exists t_2.G_2(s,c,t_2,v)) \lor \cdots \lor (\exists t_m.G_m(s,c,t_m,v))$$

複数（m 個）あるイベントの中で，少なくとも 1 つのガード条件が常に成り立つ．つまり，発火可能なイベントがないというデッドロックに陥らない．

さらに，到達性に関わる情報を表現する必要があることから，マシンに新たなモデリング要素を導入する（図 2.1）．

- 変量 (Variants)
  整数値を持つ変数を与える．ホーア論理で用いるループ変量と同様な役割を果たす．

次の証明条件が変量の役割を説明している．

VAR (variants)
$$A(s,c), I(s,c,v), G(s,c,t,v), S(s,c,t,v,v') \vdash n(s,c,v') < n(s,c,v)$$

イベント発火によるアクション実行ごとに変量 $n$ が減少する．これは，特定のイベントだけが発火占有する一種のライブロック（無限ループ）にならないことを示す．なお，この到達性の話題については，第 6.1 節で再考する．

---

### 📎 時相的な性質の検査

一般に状態の列 $\langle \sigma_i \rangle$ に関する性質は，線型時相論理 (Linear Temporal Logic, LTL) 等の式 $\varphi$ によって表現して，ロジック・モデル検査の方法（$\langle \sigma_i \rangle \models \varphi$）で調べることが多い．Event-B 仕様記述に対するロジック・モデル検査ツールとしては，RODIN プラグインである ProB 等がある．これらのツールは，Event-B の基本的な言語定義（証明条件）に「外付け」で，意味解析の方法を与えるものである．

なお，Event-B の証明条件 INV は不変条件が成り立つかを検査する．不変条件は，全ての状態で成り立つ性質で安全性と呼ばれ，LTL では $\Box p$ の形の論理式として表せる．

## 2.1.6 式言語

コンテクストやマシンの構成要素は，式言語を用いた論理式で表現される．Event-B は B メソッドの伝統を引き継ぎ，1 階述語論理，集合記法，数学記法を提供している．詳細は付録 A.2 を参照のこと．

- 1 階述語論理
  通常の 1 階述語論理の式を表現する．
- 集合記法
  内包的な定義，外延的な定義，標準の集合演算，がある．また，順序付き組の集合である関係に対して特別な構文が用意されている．さらに，Z 記法の伝統にしたがってか，関数についての構文も豊富である．
- 数学記法
  組込みの集合として整数 $\mathbb{Z}$ を持つ．さらに自然数 $\mathbb{N}$ ならびに 0 を含まない自然数 $\mathbb{N}_1$ がある．後者 2 つは $\mathbb{Z}$ で定義されている．整数上の基本的な演算，比較演算，がある．

Event-B の証明条件 WD (well-definedness) は，式が整形式であることを確認するものである．つまり，WD はこれらの式の意味を与えると考えて良い．

# 2.2 リファインメント

Event-B の特徴は，B メソッドから引き継いだリファインメントに基づく構築からの正しさの考え方である．

## 2.2.1 2 つのリファインメント

最初にリファインメントの基本的な考え方を説明し，次いで，代表的な 2 つの使い方（たとえば[13]）を紹介する．

### ◼ 正しさの基準

Event-B などのモデル規範形式手法では状態ベース仕様の正しさの基準を証明条件で与えている．しかし，証明条件が示す正しさの基準は，事後状態

の存在 (FIS) や不変条件の保存 (INV) という一般的な仕様の整合性に関する性質であった．仕様を作成し検証する立場では，個々のアプリケーション性質が成り立つか否かを調べたい．このような性質を不変条件として表現できれば基本的な証明条件を用いて検査することができる．しかし，アプリケーション性質を直接表現し，検査する方法が別途必要なことも多い．

　リファインメントは，このようなアプリケーションの要求仕様に対する正しさの基準を与えて検査する方法のひとつである．基本的な考え方は，異なる抽象レベルの記述に対して，一方が他方の詳細化になることを確認すること．抽象レベルの高い上位仕様が要求仕様を表す場合，下位仕様が要求仕様を満たすことを，リファインメントの方法で確認できる．モデル規範形式手法では，アプリケーションの正しさを確認する方法として，リファインメントは必須である．

■ プログラムの段階的な作成

　素朴なリファインメントの考え方は，N. ヴィルトの段階的詳細化と呼ばれるプログラム開発の方法に見られる．模式的な図式（図 2.5）にあるように，初期仕様から出発し，段階的に詳細化，具体化することで，プログラムを導出する．

　リファインメントは，仕様詳細化の各ステップで，上位と下位の記述間の

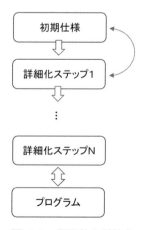

図 2.5　段階的な詳細化

関係を形式検証する方法を含む．正しいとされる初期仕様から出発し，正しさを確認しながら詳細化を進め，実行可能なプログラミング言語で表現可能な記述を得る．構築からの正しさ (Correct by Construction) を実現するもので，E.W. ダイクストラが掲げた研究目標「構成的なプログラム導出法」を達成する技術アプローチのひとつである．

図 2.5 を参照すると明らかであるが，リファインメントの方法では，初期仕様が正しいことが前提になる．正しい仕様から出発し，正しさを確認できる詳細化ステップを経て得るプログラムは正しい，という理屈になる．

初期仕様が正しいという時，意図する内容を表しているかに関わる妥当性と，形式記述として矛盾がないことの整合性，の2つの観点がある．前者は通常インスペクション手法によって仕様作成者が確認する．後者は論理的な整合性の問題であり，数理論理の方法で取り扱える．実際には，直感的に正しさが確認できる簡明な記述を与えて，リファインメントの検証作業を容易に行えるようにする．

■ 段階的な機能追加

リファインメントの利用法は段階的な詳細化だけではない．上の方法は抽象的な仕様からプログラムに具体化していく「縦の軸」に着目したものであり，垂直リファインメント (Vertical Refinement) という．これに対して，水平リファインメント (Horizontal Refinement) と呼ぶ使い方がある．これを紹介する．

水平リファインメントは，スーパーポジション・リファインメント (Superposition Refinement) ともいわれ，段階的に機能や仕様の構成要素を追加していく方法である．システム機能を段階的に構築していく手段としてリファインメントの技法を用いる．いわば，リファインメントに基づく「進化型モデリング」の方法である．

図 2.6　水平リファインメント

図 2.6 は模式的な説明である．初期仕様から出発して段階的に機能追加し，意図した機能の全てを表現した段階で終了する．各ステップで，追加した機能が，それまでに成り立っていた性質を壊さないことを確認する．Action Systems などの並行システムの仕様記述言語で用いられた．Event-B では要求モデリングの重要な方法としている．

水平リファインメントは，垂直リファインメントと異なり，プログラミング言語が提供する機能に具体化していくわけではない．一般に，集合のような数学的な対象あるいは宣言的な記述から，配列などの具体的なデータ構造あるいは手続き的な記述に変換していく場合，具体化の順序がおのずから決まるだろう．一方，水平リファインメントは，図 2.6 からわかるように，仕様を構成する要素を段階的に追加していく．追加する順序を変更しても最終的に同じ仕様を得られれば良い．順番には任意性があり，各ステップでの追加ならびに検証が容易になるように決めたい．したがって，水平リファインメントの手順として「リファインメント計画」を予め整理しておくことが大切である．「Global Plannning, Incremental Refinements」であり，リファインメントにおける「Global Design, Incremental Building」と言える．

## 2.2.2　リファインメントの記述

Event-B でリファインメントを用いる際，垂直リファインメントと水平リファインメントを混在することが多い．仕様構築の立場からは，どちらの使い方を想定しているのかを意識すべきだろう．リファインメントの役割が明確になるので，仕様構築作業の見通しが良くなる．一方，基本的な機構からは 2 つのリファインメントに違いがあるわけではない．

リファインメントは図 2.1 に示したように，コンテクストならびにマシンを単位として行う．ただし，コンテクストは既存のものを拡張 (EXTENDS) し，マシンはリファイン (REFINES) する．より詳細には，マシン中のイベント単位にリファインする．ここでは，リファインされる側を上位マシン，リファインする側を下位マシンと呼ぶことにする．

### ■　コンテクストの拡張

コンテクスト C は（1 個以上の）既存コンテクスト $C_1 \cdots C_n$ を拡張するこ

とができる．拡張したコンテクスト C は既存コンテクストで定義された集合ならびに定数を参照することができ，また，集合，定数，公理，定理を追加して良い．拡張が正しいか否かを直接検査する証明条件はない．マシンに対する証明条件による検査によって，間接的に確認する．

## ■ マシンのリファイン

マシン CM (Concrete Machine) は高々 1 個の上位マシン AM (Abstract Machine) をリファインすることができる．具体的には，イベントごとにリファインメントの関係を考える．便宜上，CM のイベントを $ec$, AM のイベントを $ea$ と表記し，AM と CM のイベントを各々以下のように書くことにする．

$ea \equiv any\ t\ where\ G(t,v)\ then\ S(t,v,v')\ end$
$ec \equiv any\ u\ where\ H(u,w)\ then\ T(u,w,w')\ end$

Event-B のリファインメントは，リファインメント計算 (Refinement Calculus) ではない．後者では，抽象版の仕様から具体版の仕様を導出する規則が与えられている．当該規則にしたがう限り，リファインメント関係を保持した具体版の仕様を得ることができる．

一方，Event-B では，AM（実際は $ea$）と CM（$ec$）の両方を与えて，リファインメント検査 (Refinement Check) を行う．これを，2 つの記述（$ea$ と $ec$）がリファインメント関係を満たしているかを事後検査する Posit and Prove パラダイムと呼ぶ．そこで，AM の要素と CM の要素の対応関係を与える必要がある．この関係は一般に，抽象化関係等と呼ばれるものであり，Event-B では gluing invariant と呼ぶ特別な不変条件 J(v,w) を CM に定義する．なお，実際上多くの場合（水平リファインメントのような場合），同じ名前の識別子は互いに対応するので，このような識別子については，J を省略する．

イベントのリファインメント関係は，ガード条件に対して制限を持つ．$H(u,w)$ は $G(t,v)$ よりも強くなければならない (strengthening)．イベントのリファインメントは既存イベントがない場合でも可能で，CM で新しいイベントを追加定義しても良い．この場合，形式的には，AM の「何もしない」イベントをリファインしたと考える．何もしないイベントとは $when\ true\ then\ skip\ end$ のようなものである．いかなる論理式も論理真

$true$ よりも強い．たしかに，ガード条件を強めるという性質を満たしていることがわかる．

### ■ リファインメントの具体例

　ファインメントの方法による段階的な機能追加の例を示す．この例では，抽象版をコンテクスト CR0 とマシン MR0 で定義した．CR0 は新たな集合 Ball を導入するだけの簡単な記述とする．

 **CONTEXT**  CR0
 **SETS**
  Ball
 **END**

MR0 は 2 つの変数 Storage と Pool を持つ．両方とも Ball の部分集合であり，Ball のべき集合（$\mathbb{P}$Ball）に属するとした．なお，Storage⊆Ball 等と書いても良い．

 **MACHINE**  MR0
 **SEES**   CR0
 **VARIABLES**
  Storage
  Pool
 **INVARIANTS**
  inv1 : Storage $\in \mathbb{P}$Ball
  inv2 : Pool $\in \mathbb{P}$Ball
 **EVENTS**
  （下記参照）
 **END**

初期化イベント INITIALIZATION は変数の初期値を設定する．変数 Storage は空集合である．Pool は Ball のある部分集合とし，Ball のべき集合の要素を非決定的に選択して代入する．

 MR0-Initialization $\triangleq$
 **begin**
  act1 : Storage := $\varnothing$
  act2 : Pool :$\in \mathbb{P}$Ball
 **end**

イベント MOVE は Pool から Storage に要素を移動する．

 MR0-Move $\triangleq$
**any**
 b
**where**
 grd1 : b ∈ Pool
**then**
 act3 : Storage := Storage ∪ {b}
 act4 : Pool := Pool \ {b}
 **end**

次に，マシン MR0 をリファインして MR1 を導入する．まずコンテクスト CR0 を拡張して CR1 を定義する．CR1 では新たな集合 BW と Black を宣言し，Black が BW の真の部分集合とする．また，定数 color を宣言する．Ball から BW への全関数（→）であることを公理に記述する．

 **CONTEXT** CR1
 **EXTENDS** CR0
 **SETS**
  BW
 **CONSTANTS**
  color
  Black
 **AXIOMS**
  axm1 : color ∈ Ball → BW
  axm2 : Black ⊂ BW
 **END**

マシン MR1 は先に定義した MR0 のリファインメントとして導入する．コンテクスト CR1 を参照し，また，CR1 が CR0 の拡張であることから，間接的に CR0 も参照する．MR1 は MR0 の記述に対して，新たな変数 High と Low

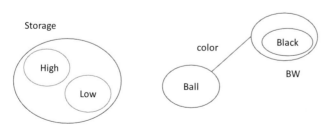

図 **2.7** 集合の詳細化

を追加定義した．変数 High，Low 共に，Storage の部分集合とする．inv3 と inv4 は gluing invariants になる．図 2.7 に，以上の集合，集合値をとる変数，定数の関係を模式的に示した．

 **MACHINE** MR1
 **REFINES** MR0
 **SEES**  CR1
 **VARIABLES**
  Pool
  High
  Low
 **INVARIANTS**
  inv3 : High $\subset$ Storage
  inv4 : Low $\subset$ Storage
 **EVENTS**
  （下記参照）
 **END**

MR1 の初期化イベント INITIALIZATION は MR0 の対応するイベント本体に加えて，新たに導入した 2 つの変数 High と Low に初期値を設定する．

 MR1-Initialization $\triangleq$
 **begin**
  act2 : Pool :$\in \mathbb{P}$Ball
  act5 : High := $\varnothing$
  act6 : Low := $\varnothing$
 **end**

次にイベント MOVE をリファインする．MR1 では，ガード条件の違いによって，2 つのイベント MOVE_H と MOVE_L を定義する．Pool から選んだ Ball の色属性値が黒であれば High に移動し，黒以外の値の時は Low に移す．色属性の値を読みだす時には関数として宣言した定数 color を利用する．関数適用（color(b)）することで色がわかる．イベント MOVE_H を示す．

 MR1-Move_H $\triangleq$
 **extends** MOVE
 **any**
  b
 **where**
  grd1 : b $\in$ Pool
  grd2 : color(b) $\in$ Black

```
    then
        act7 : High := High ∪ {b}
        act4 : Pool := Pool \ {b}
    end
```

イベント MOVE_L はガード条件 grd3 とアクション act8 が MOVE_H の対応する要素と異なるだけで,その他は同じである.

```
MR1-Move_L ≜
extends   MOVE
any
    b
where
    grd1 : b ∈ Pool
    grd3 : color(b) ∉ Black
then
    act8 : Low := Low ∪ {b}
    act4 : Pool := Pool \ {b}
end
```

### 2.2.3 リファインメントの証明条件

■ 考え方の基本

証明条件を説明する前に,リファインメントの基本的な機構を説明する.Event-B のリファインメントは一般にフォワード・シミュレーション(前方模倣)と呼ぶ方法で定義している.なお,バックワード・シミュレーション(後方模倣)も有用なリファインメント関係を与える場合があるが,Event-B では採用していない.

図 2.8 にフォワード・シミュレーションを説明する模式図を示す.抽象前状態に対応する具体状態を前状態とするアクション (opC) の結果が作る状態が,抽象前状態に対する抽象アクション (opA) の結果の後状態から得る状態に含まれることを述べている.

リファインメント前後のイベント定義を,各々,

$$ea \equiv any\ t\ where\ G(s,c,t,v)\ then\ S(s,c,t,v,v')\ end$$
$$ec \equiv any\ u\ where\ H(s,c,u,w)\ then\ T(s,c,u,w,w')\ end$$

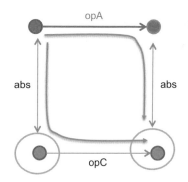

図 2.8 前方模倣

とする時，図 2.8 から，リファインメントの基本的な証明条件 SIM を得ることができる．

SIM (simulation)
$A(s,c), I(s,c,v), J(s,c,v,w), H(s,c,u,w), T(s,c,u,w,w')$
$\vdash \exists t \, \exists v' \, . \, (G(s,c,t,v) \land S(s,c,t,v,v') \land J(s,c,v',w'))$

この証明条件には 2 つの存在限量子（$t$ と $v'$）があり，一般に証明が複雑になる．Event-B はこの複雑化を避けるのに，イベントに新たな要素 witness を明示する方法を提供している．具体イベントは以下のように，2 つの witness からなる with 節を持つことができる．

$ec \equiv any \; u \; where \; H(s,c,u,w)$
$\quad\quad with \; t : W_1, \; v' : W_2 \; then \; T(s,c,u,w,w') \; end$

$W_1$ は $W_1(s,c,t,u,v,w,w')$ の引数をとり変数 $t$ を規定する．一方，$W_2$ は $W_2(s,c,v',u,v,w,w')$ の引数をとり変数 $v'$ を規定する．以上のことは，証明条件として整理できる．

WFIS (witness feasibility)
$A(s,c), I(s,c,v), J(s,c,v,w), H(s,c,u,w), T(s,c,u,w,w')$
$\vdash \exists t. W_1(s,c,t,u,v,w,w')$

WFIS (witness feasibility)
$A(s,c), I(s,c,v), J(s,c,v,w), H(s,c,u,w), T(s,c,u,w,w')$
$\vdash \exists v'. W_2(s,c,v',u,v,w,w')$

これらを証明した後，2つの witness 使うことで，リファインメント関連の証明条件が簡単化できる．なお，水平リファインメントの場合，リファインメント前後で変数が変わらないので，実質的に witness を用いる必要がない．

■ リファインメント関連の証明条件

Event-B のリファインメント関係の証明条件を説明する．CM は AM で規定した性質を引き継ぐべきであることから，先に説明した同様な証明条件について，抽象化関係（gluing invariants ならびに witness）を考慮した形になる．

INV (invariant preservation)
$A(s,c), I(s,c,v), J(s,c,v,w), H(s,c,u,w),$
$W_1(s,c,t,u,v,w,w'), W_2(s,c,v',u,v,w,w'), T(s,c,u,w,w')$
$\vdash J(s,c,v',w')$

イベント発火の前後で不変条件は保存される．不変条件およびガード条件が矛盾していると証明条件が有用でない．

GRD (guard strengthening)
$A(s,c), I(s,c,v), J(s,c,v,w), H(s,c,u,w),$
$W_1(s,c,t,u,v,w,w'), W_2(s,c,v',u,v,w,w')$
$\vdash G(s,c,t,v)$

ガード条件 $H$ が $G$ よりも強いことを確認する．

SIM (simulation)
$A(s,c), I(s,c,v), J(s,c,v,w), H(s,c,u,w),$
$W_1(s,c,t,u,v,w,w'), W_2(s,c,v',u,v,w,w'), T(s,c,u,w,w')$
$\vdash S(s,c,t,v,v')$

図 2.8 のダイアグラムに相当する模倣関係を確認する．

DLKF (relative deadlock freedom)
$A(s,c), I(s,c,v), J(s,c,v,w), ((\exists t_1.G_1(s,c,t_1,v)) \vee \cdots \vee (\exists t_m.G_m(s,c,t_m,v)))$
$\vdash (\exists u_1.H_1(s,c,u_1,w)) \vee \cdots \vee (\exists u_n.H_n(s,c,u_n,w))$

リファインメントしたイベントのガード条件が少なくとも 1 つ成り立つ．リファインメント前のイベントだけが発火占有することはない．

VAR（variant）
$$A(s,c), I(s,c,v), J(s,c,v,w), H(s,c,w)$$
$$\vdash V(s,c,F(s,c,w)) < V(s,c,w)$$

リファインメントで導入したイベントが発火占有しないことを確認する．

> ✎ **リファインメント再考**
>
> 　状態ベースの仕様では，リファインメントが，正しさの基準を与える方法になっている．その数学的な枠組みは前方模倣であった．一般に，プロセス代数などでは，模倣関係を使った性質検査の方法が知られている．検査したい要求性質を上位仕様として表し，具体的な記述である下位仕様がその性質を満たすか否かの検査を，リファインメントで行うという方法になる．
>
> 　J.-R. アブリエルは，分散システムの事例で，この方法を用いていた．上位仕様を集中系として表現し，下位仕様がリファインメント関係にあることを示すことで，分散アルゴリズムの正しさを検証した．示したい性質を，神様視点の集中系として先に表現していることを，「cheating（全部知っているのだからずるいよね）」と笑っていた．Event-B のイベントは並行計算の実行単位とも考えられるので，分散システムを対象とする事例も多い．「cheating」はこのような場合のノウハウのひとつになる．
>
> 　一方で，要求性質が複雑になれば，上位の仕様記述も複雑になる．このような記述を得る方法として，単純な記述から始めて，リファインメントを用いることも考えられる．つまり，「cheating」の仕様を得るまでのリファインメントと，これを要求として仕様を得るリファインメントの2つを明確に区別する．
>
> 　Event-B では，どのような目的・理由でリファインメントを用いたかは，仕様構築と検証に関わる重要な情報である．

## 2.3　演習問題

### 演習問題 2.1

マシン M0 に新しいイベントを定義したい．イベント M0-Start を参考にして，Open 状態から Rest 状態に変更するイベント M0-TakeARest を作成せよ．

## 演習問題 2.2

マシン M0 を参考にして，マシン M0' を作成したい．イベント M0-Order に対応するイベント M0'-Order ついて，在庫数が足りているかの条件検査をガード条件に追加する場合のイベントを作成せよ．在庫不足の場合，注文イベントが発火しないとして良い．

ヒント：
1. Sake の部分集合を参照する変数 Stock を定義する．
2. 集合の大きさ（要素の数）は組込み関数 $card(Stock)$ で計算できる．

## 演習問題 2.3

演習問題 2.2 と同じことを，マシン M0 のリファインメントとして新たに導入したマシン M1 のイベントとして作成せよ．

ヒント：
1. M0 のリファインメントである M1 に変数 Stock を定義する．
2. M1 のイベント Order をイベント M0-Order をリファインして定義する．

## 演習問題 2.4

演習問題 2.3 のマシン M1 をリファインした新たなマシン M2 を作成せよ．M2 の Order イベントは，開店中 (Open) と休憩中 (Rest) で次のような処理を行うようにせよ．

- 開店中は，M1 の Order と同様な処理を実行する．
- 休憩中は，受付待ちの一時状態とする．

合わせて，休憩から作業に戻った時に，受付待ちになっている注文を受け付ける新しいイベント ProcessPendingOrder を作成せよ．

ヒント：
受付待ち注文を管理する変数 PendingOrder を定義する．変数 Tags と同様に考えれば良い．

## 参考文献

1) D.R. Barstow, H.E. Shrobe, and E. Sandewall (eds.): *Interactive Programming Environments*, McGraw-Hill, 1984.

2) R. Banach : Model Based Refinement and the Tools of Tomorrow, *Proc. ABZ* 2008, pp.42–56, 2008.

# 第 3 章
## 統合ツール RODIN

## 3.1 RODINツールの概要

　RODINツールは，Event-B仕様の作成と検証の作業を支援する統合支援環境であり，欧州のフレームワークプログラムFP6のRODINプロジェクトと，それに続くFP7のDEPLOYプロジェクトで開発された．RODINは，EclipseベースのGUIツールである．その中核となるRODINプラットフォームは，Event-Bの仕様要素を管理するRODINデータベースを中心とし，以下の標準機能を提供する．

- エディタ
- 証明条件生成系
- 定理証明支援系

　RODINツールの利用者は，これらの機能を使って仕様を入力する．構文チェックと型チェックの後に生成された証明条件を定理証明支援系によって証明する．定理証明支援系には，組込みの証明戦略にしたがって証明を試みる自動証明系と，利用者が証明を進める対話証明系がある．証明条件の多くは自動証明系で証明できるが，証明できないものが残った場合には対話証明系を使う．RODINツールの標準設定では，入力した仕様を保存すると同時に，構文チェック，型チェック，証明条件の生成まで進む．さらに，自動証明系を使って証明を試みる．

　RODINツールの特徴として，柔軟な拡張性をあげることができる．プラグインを作成し，RODINツールを自身の目的にカスタマイズすることができる．プラグインの開発はDEPLOYプロジェクトの内外で精力的に行われた．さまざまなプラグインが既に公開されており，上記の標準機能も新たなプラグインでを置き換えることができる．たとえばエディタについては，構造化エディタやテキストエディタのほかにも，UML図などからの変換系が提供されている．証明条件生成系も拡張可能であり，Event-B言語を拡張した場合に，拡張言語機能に関わる証明条件を生成させれば良い．定理証明支援系については，汎用プルーバを利用するプラグインなどが知られている．

　Event-Bの仕様検証には，基本的に定理証明支援系を使う．仕様構築過程で補助的に用いる機能として，Event-B仕様を実行する仕様アニメータや，振る舞いを検証するモデル検査系もプラグインとして提供されている．形式検証だけではなく機能の妥当性確認など，多様な側面からEvent-B仕様を検査

することができるようになった．これら以外にも，バージョン管理や Event-B 仕様の分割，再構築など，Event-B を産業界で使うために必要となる機能がプラグインとして作られている．

DEPLOY プロジェクトは 2012 年に終了したが，RODIN プラットフォームの開発は現在も進められており，新しいバージョンが次々と公開されている．本書では，RODIN Platform version 3.0 を基準として RODIN ツールを紹介する．

---

> **✎ RODIN プラットフォームのインストールと起動**
>
> 　2014 年 5 月時点の最新 RODIN プラットフォームは rodin-3.0．Event-B ホームページ (http://www.event-b.org) のナビゲーションから Install RODIN を選択し，Core: Rodin Platform file リンクをクリックして，ダウンロードする．ファイルは zip 形式で，インストールは展開するだけで良い．ただし，Java 1.6 を前提としている．
>
> 　RODIN の起動には，rodin フォルダ下の R アイコンをダブルクリックする．起動時に，ワークスペースを指定する．適切なフォルダを指定するか，あるいは，表示されるデフォルトを採用する．
>
> 　なお，初回起動時に必ず表示される welcome 画面に，Atelier B prover のインストール手順が示される．忘れないでインストールしておくべきである．

---

## 3.2　RODIN ツールの利用

RODIN の基本的な GUI を紹介する．ここでの説明では，一部，Eclipse ベース GUI ツールの一般的な知識や用語を前提としている．

### 3.2.1　画面構成

RODIN ツールでは，ツールの基本機能やプラグイン機能がパースペクティブでグループ化されている．基本的なパースペクティブは，次の 3 つである．

- Event-B パースペクティブ
  プロジェクト管理とコンポーネント（コンテクスト，マシン）編集

# 第3章 統合ツール RODIN

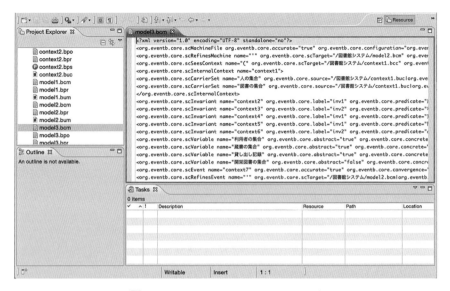

図 3.1 リソース・パースペクティブ

- プルービング・パースペクティブ
  コンポーネントに対して生成された証明条件のブラウジング，定理証明系を使った証明
- リソース・パースペクティブ
  プロジェクトやコンポーネントを構成するリソースの編集

標準の画面配置では，画面右上に置かれた Open Perspective ボタンを使ってパースペクティブを開く．

パースペクティブ内の画面レイアウトはドラッグやクリックによって変更することができる．標準の配置に戻すには Window メニューの Reset Perspective を選択する．リソース・パースペクティブの表示例を，図 3.1 に示した．

### 3.2.2 プロジェクトのアーカイブと読み込み

プロジェクトは，アーカイブしてファイルに書き出すことができる．これは，メニューを使って以下の手順で行う．

- Export
  1. File メニューから Export を選ぶ

2. 表示される Export ダイアログで General の下の Archive File を選ぶ
3. Next ボタンを押し，アーカイブするプロジェクトにチェックを付ける
4. アーアブを書き出すフォルダを指定し，Finish ボタンを押す

アーカイブしたプロジェクトは，次の手順でワークスペースに読み込む．

- Import

    1. File メニューから Import を選ぶ
    2. 表示される Import ダイアログで General の下の Existing Projects into Workspaces を選ぶ
    3. Next ボタンを押し，Select archive file を選んでアーカイブファイルを指定する
    4. 読み込むプロジェクトにチェックを付け，Finish を押す

ワークスペース内に存在するプロジェクトと同じ名前のプロジェクトを読み込むことはできない．このような場合，あらかじめワークスペースのプロジェクトの名前を変えておく[*1]．

[*1] 第 3.2.3 項参照．

### 3.2.3 Event-B パースペクティブ

Event-B パースペクティブは，以下の機能を提供する．

1. プロジェクトを作成／削除／名前変更する
2. コンポーネントを作成／削除／名前変更する
3. コンポーネントを編集し保存する

ここで，コンポーネントとは，Event-B の基本的な構成要素であるコンテクストとマシンを総称したものである．

コンポーネントを保存する時点で，コンポーネントの構文チェックと型チェックが行われる．誤りが検出されればエラーメッセージが表示されるので，問題点を修正して再度保存する．型チェックで違反がなければ，ツールは証明条件を生成し，自動証明を試みる．

標準的な画面配置では，Event-B パースペクティブは，図 3.2 に示す以下の画面から構成される．

## 第 3 章 統合ツール RODIN

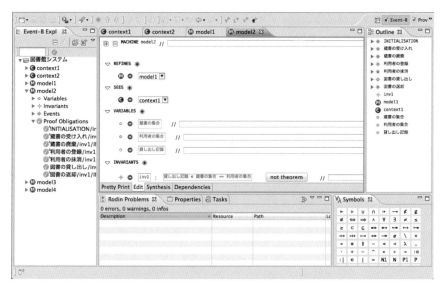

図 3.2 Event-B パースペクティブ

1. Event-B Explorer（左）
   プロジェクト名とコンポーネント名を木構造で表示

2. ナビゲータ（中央上）
   Event-B パースペクティブではエディタが起動．コンポーネントの表示や編集

3. Outline ビュー（右）
   Event-B Explorer で選択されているコンポーネントの構成要素を木構造で表示

4. Rodin Problems ビュー（中央下）
   構文エラーや型エラーなど，コンポーネントに検出されたエラーや警告を表示

5. Symbols ビュー（右下）
   コンポーネントの記述に使う数学的記号の一覧を表示

■ プロジェクトとコンポーネントの作成

Event-B パースペクティブの Event-B Explorer を使って，プロジェクトの

作成と削除，ならびにコンポーネントの作成と削除を行う．コンポーネントはひとつのプロジェクトに属し，同一プロジェクト内の他コンポーネントを参照することができる．

　プロジェクトの作成は，Event-B Explorer 上で，以下の手順で行う．

1. create new project ボタンをクリック

2. プロジェクト名を入力

プロジェクトの削除やプロジェクト名の変更は，Event-B Explorer でプロジェクト名を右クリックし，ポップアップメニューからそれぞれ Delete や Rename を選択して行う．なお，Event-B Explorer 上でプロジェクトを削除しても，ワークスペース内のプロジェクト・ディレクトリは削除されない．プロジェクトを完全に削除するには，OS 提供の方法でディレクトリを削除する．

　コンポーネントの作成は，Event-B Explorer 上で，以下の手順で行う．

1. コンポーネントを作成するプロジェクトをクリック

2. create new component ボタンをクリック

3. コンポーネント名を入力

4. Context か Machine かを選択

コンポーネントの削除やコンポーネント名の変更は，Event-B Explorer でプロジェクト名を右クリックし，ポップアップメニューからそれぞれ Delete や Rename を選択して行う．

■　コンポーネントの編集

　コンポーネントの編集は，Event-B パースペクティブのナビゲータ（図 3.2 では中央部分）のエディタを使って行う．

　コンポーネントのエディタへの読み込みは，Event-B Explorer のコンポーネント名をダブルクリックするか，コンポーネント名を右クリックして，Open With から利用するエディタを選択して行う．RODIN ツールは標準で複数のエディタを提供している．デフォルトで起動される RODIN Editor は動作が不安定で使いにくい．以下では，Event-B Machine/Context Editor を用いる場合について説明する．なお，このエディタはコンテクストを編集する Event-B

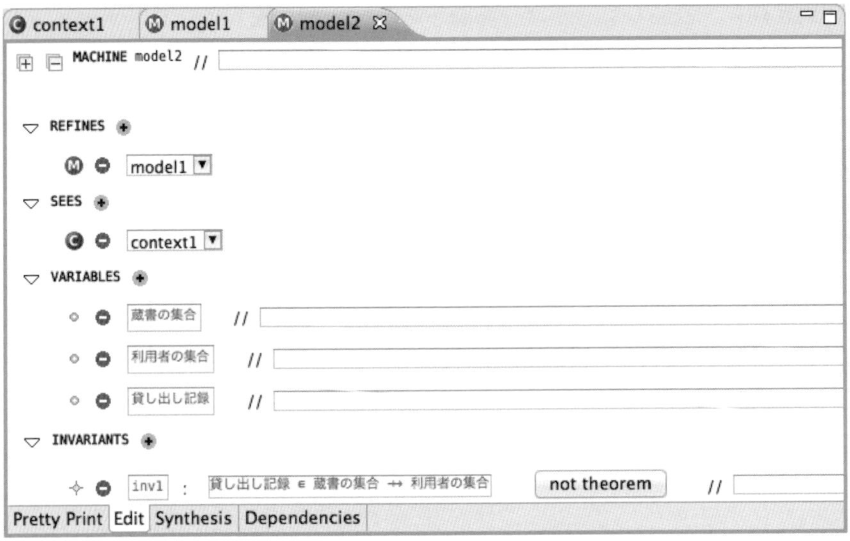

図 3.3　Event-B Machine/Context Editor

Context Editor と，マシンを編集する Event-B Machine Editor からなるが，各々の文法に依存しない操作は共通する．以下では区別しないで説明する．

Event-B Machine/Context Editor の画面構成を，図 3.3 に示す．上部のタブはエディタに読み込まれているコンポーネント名を表示する．タブを切り替えることで編集対象のコンポーネントを切り替える．一方，エディタ下部のタブは，エディタ機能の切り替えに対応する．

- Pretty Print タブ
  コンポーネントの内容を表示
- Edit タブ
  コンポーネントを構文的な構成要素を単位として編集
- Synthesis タブ
  コンポーネントの構成要素とその内容を表示
- Dependencies タブ
  コンポーネントが依存するコンテクストやマシンの名前を表示

Event-B Machine/Context Editor では，次の手順でコンポーネントを編集する．

1. Edit タブを選択

2. 編集する項目のマーカ（三角形）をクリックし，項目を展開

3. 表示された要素を編集
   - 要素の追加は＋ボタン
   - 要素の削除は－ボタン

4. 編集後は画面上部のツールバーのセーブアイコン（フロッピーディスク型）をクリックしてセーブ

5. 構文／型エラーがあれば，Rodin Problems ビューに表示される

---

✎ **Latex 文書の生成**

B2Latex プラグインをインストールしておくことで，作成したコンポーネントのテキストを Latex ソースファイルとして出力することができる．手順は以下の通り．

1. コンポーネントを選択し，右ボタンをクリック
2. ポップアップ・メニューのエントリ Generate Latex Document を選択

RODIN ツール起動時に指定した workspace 下のフォルダ latex に生成された文書ファイルが格納される．

この Latex ファイルは，同時に生成されるスタイルファイル b2latex.sty に加えて，bsymb.sty を必要とする．bsymb.sty は予めダウンロンードしておかなければならない．

http://www.event-b.org/

から見つけることができる．b2latex プラグインは RODIN コアと同時にインストールしておくと良い．

---

✎ **日本語を使った仕様記述**

RODIN データベースは Unicode に対応しており，日本語表記した識別子を含む仕様を保持することができる．標準で提供される多くの機能は Unicode を処理できるので，日本語を使った仕様の入力[*2]の他，構文チェック，型チェック，証明条件の生成と証明において不便を感じることは少ない．しかし，プラグインとして提供されている拡張機能の中には Unicode を処理できないものもある．日本語を使って仕様を書く場合には，利用するプラグインの対応状況を事前に確認しておく必要がある．

---

[*2] Event-B Machine Editor と Context Editor が対応，RODIN Editor は 2014 年 5 月時点では未対応．

### 3.2.4 プルービング・パースペクティブ

証明に関する操作は，プルービング・パースペクティブ（図 3.4）で行う．ここでの操作は以下がある．

1. 証明状況の確認
2. 未証明の証明条件があれば，対話的に証明
3. 証明結果の保存

図 3.4 に示すように，標準的な画面配置では，プルービング・パースペクティブには次の画面がある．

- Proof Tree ビュー（左）
  Event-B Explorer で選択された証明条件の証明過程を表示
- ナビゲータ（中央上）
  Selected Hypotheses ビューが表示．Event-B Explorer で選択された証明条件の証明に必要な前提を取捨選択
- Goal ビュー（中央中）
  Event-B Explorer で選択された証明条件について，次に証明すべき論理式を表示
- タブ（中央下）切り替えにより，下記の画面を表示する．
  - ・Proof Control ビュー
    ツールバーのボタンを通じて対話的に証明を進行
  - ・Statistics ビュー
    Event-B Explorer で選択されたコンポーネントの証明条件数や自動証明数などのデータを表示
  - ・Rodin Problems ビュー
    構文や型エラーなど，検出したエラーを表示
- Event-B Explorer（右）
  プロジェクト，コンポーネント，証明条件を木構造で表示

■ **証明条件と証明進行状況の確認**

プルービング・パースペクティブの Event-B Explorer では，証明条件がコ

## 3.2 RODIN ツールの利用

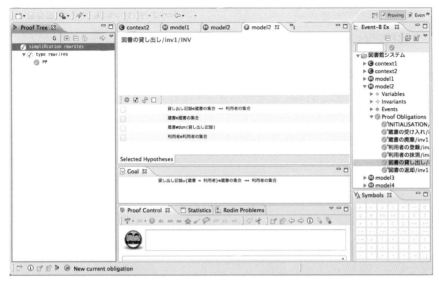

図 **3.4** プルービング・パースペクティブ

ンポーネントの下の Proof Obligations の項目に表示される[*3]．各証明条件には，証明条件の対象となった「アクション等のラベル／不変条件のラベル／証明条件生成規則名」からなる一意名が付けられる．また，ラベルに対応するアクションや不変条件の内容を確認したい場合，証明条件を選択して Proof Control ビューの i ボタン (Proof Information) を押せば良い．

証明条件の証明状況は，証明条件の左側に，次の記号で表示される．

- グリーン地に白のチェックマーク：証明済み
    証明済みの証明条件は，さらに下記のように区別される．
    ・右肩に A が付いているもの：自動証明した証明条件
    ・A が付いていないもの：対話証明した証明条件
- 赤地に白のクエスチョンマーク：未証明
- 青地に白の R：レビュー済み（ツールでは未証明，利用者が目視確認済み）

証明条件の選択は，Event-B Explorer に表示された証明条件をダブルクリックする．証明条件を選択すると，その証明過程が Proof Tree ビューに示される．証明の前提が Selected Hypotheses ビューに，証明すべき論理式が Goal ビューに設定される．また，その証明条件が未証明ならば Proof Control ビューのボタンが活性化され，対話証明を行うことができる．

[*3] 表示が折り畳まれている場合は，三角形のマーカをクリックして順次展開する．

49

Proof Tree ビューでは，表示されている証明木のノードを右クリックして copy/paste/prune を選択し，証明過程を編集することができる．prune は指定したノード以降の証明木の削除であり，証明過程をそのノードまで戻す．つまり，証明をやり直す．copy は指定したノード以降の証明木のコピー操作である．コピーした証明木を未証明のノードに paste して証明過程を再利用する．paste 先は，他の証明条件を検証している際の証明木のノードでも良い．他ゴールに対して，同様な証明をなぞる時に用いる．

### ■ 対話証明

対話的な証明を進めるには，数理論理の知識，さまざまな証明戦略を知っていることが前提となる．ここでは，RODIN ツールが提供する基本的な機能を紹介する．

対話的な証明作業では，証明に必要な前提条件を指定する方法が役立つことが多い．実際，コンテクストやマシンの記述が増えるにつれて，プルーバが証明の過程で参照する前提条件の数が多くなる．その結果，RODIN ツールが設定しているタイムアウトによって，自動証明が打ち切られることが多い．このような場合には，Selected Hypotheses ビュー（図 3.4 中央）に選択表示されている前提条件を取捨選択する．その後，Proof Control ビューでプルーバを起動することで，証明が円滑に進むことがある．なお，選択表示されている前提条件が不足している場合には Proof Control ビューの Lasso や Search hypothesis ボタンを使って前提条件を追加する．不要な前提条件が多い場合には前提条件の左側にあるチェックボックスと上部の削除ボタンを使って Selected Hypotheses ビューから除去する．

その他，対話証明では，Selected Hypotheses ビューや Goal ビューで論理式を変形し，存在限量子で束縛されている変数に具体的な値を与えたり，複雑な論理式をより単純な論理式に分解することができる．また，場合分けによって証明を分岐させたり，補題を与えて証明を誘導する．

以上の操作は，Selected Hypotheses ビューと Goal ビューならびに Proof Control ビューのボタンによって行う．各ビューでは，次の操作を行うことができる．

- Selected Hypotheses ビュー上の操作
  前提条件となる論理式の選択と変形（赤色表示を右クック）

3.2 RODIN ツールの利用

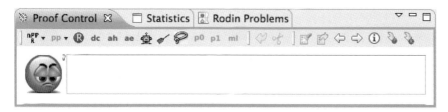

図 3.5 Proof Control ビュー

- Goal ビュー上の操作
  証明すべき論理式の変形（赤色表示を右クリック）
- Proof Control ビュー上の操作
  証明ステップの指示

Proof Control ビューには，図 3.5 の左から順に，以下のボタンがある．

- Launch New PP[4]
  RODIN ツールコア提供の predicate prover で Goal を証明
- External prover
  プラグイン提供のプルーバで Goal を証明（Atelier B prover をインストールした場合，predicate prover, mono-lemma prover などが使える）
- Review goal with selected hypothesis
  Goal を目視で確認（機械的な証明をスキップ）
- dc(Case distinction)
  入力エリア（直下の四角）に与えた述語の真偽で場合分け
- ah(Add hypothesis)
  入力エリアに与えた述語を補題として使用（まず補題の証明が求められる）
- ae(Abstract expression)
  入力エリアに与えた式を名前で置き換えて，前提や Goal の式を簡潔化
- Run auto provers
  Goal の自動証明（使用する証明戦略は preference で指定）
- Run post tactics
  論理式を対話操作した後に自動証明（使用する証明戦略は preference で指定）
- Lasso
  Goal や現在選択されている前提条件に関連する他の前提条件を Selected

[4] New PP プルーバは健全でないことが報告されており，Rodin ユーザハンドブックでは，経験豊富でない利用者には推奨されていない．

Hypotheses ビューに選択表示
- Backtrack from the current node
  証明ステップを，1つ取り消し
- Prune from the current node
  Proof Tree ビューで選択されている箇所まで証明操作を取り消し
- Search hypotheses
  入力エリアに与えた文字列に関連する前提条件を検索し，Search Hypothesis ビューに表示．表示された前提条件は，左側のチェックボックスに印付けし，上部の Select hypotheses ボタンを押すことで，Selected Hypotheses ビューに選択表示
- Show cache hypotheses
  キャッシュした前提を，Cache Hypotheses ビューに表示
- Previous uncharged PO
  1つ前の未証明の証明条件に移動
- Next uncharged PO
  次の未証明の証明条件に移動
- Show information related to this proof obligation
  証明条件の根拠となった記述を Proof Information ビューに表示
- Select the next pending subgoal
  次の未証明の Goal に移動
- Select the next review subgoal
  次の目視確認された Goal に移動

## 3.3 Event-B モデルの作成手順

この章では，第 2.2 節リファインメントの例題で用いたコンテキストとマシンについて，RODIN ツールを使ったモデル作成過程を示す．

### 3.3.1 上位コンポーネントの作成

RODIN ツールを起動し，第 3.2.3 項の要領でプロジェクトとコンポーネントを作成する．図 3.6 は create new component ボタンを押した際に表示され

る画面．Component name の項目にコンテクストの名前 CR0 を入力し，コンポーネントの種類の項目で Context を選択して Finish ボタンを押す．

次に，第 3.2.3 項の手順で，コンテクストを編集する．作成したコンテクスト CR0 が Event-B Explorer に表示されるので，これを右クリックして Open With から Event-B Context Editor を選ぶ．Edit タブを選択し，CR0 を作成する．SETS の右側の＋をクリックしてキャリア・セット入力フィールドを作り，キャリア・セットの名前 $Ball$ を入力する．コンテクスト編集の様子を，図 3.7 に示す．入力が終わったら，左上ツールバーのセーブボタンをクリックしてセーブする．

セーブと同時に構文チェックと型チェックが行われ，誤りがあれば Rodin Problems ビューに表示される．一般には，問題がなければ証明条件が生成され，自動証明が行われる．CR0 はキャリア・セットを宣言しているだけなので，特に興味ある証明条件が生成されることはない．

マシンの作成と編集も，基本的には，コンテクストと同じ手順で行う．主な違いは，create new component の対話画面で Machine を選択すること，編集に Event-B Machine Editor を使うことである．

図 3.8 に，Event-B Machine Editor を用いた編集の様子を示す．マシン MR0 は最上位のマシンなので REFINES の項目は空欄である一方，SEES の項目でコンテクスト CR0 を参照する．不変条件やイベントのガードおよびアク

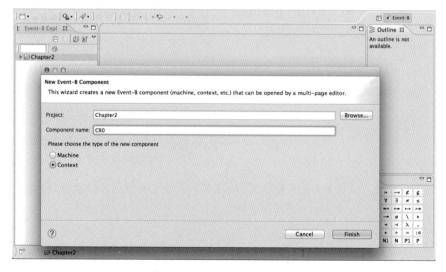

図 3.6　コンテクストの作成

第 3 章　統合ツール RODIN

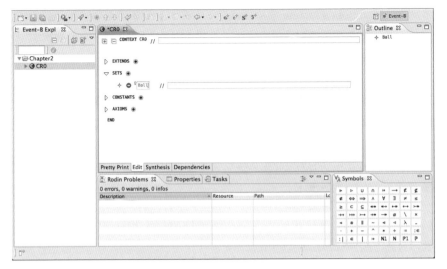

図 3.7　コンテクストの編集

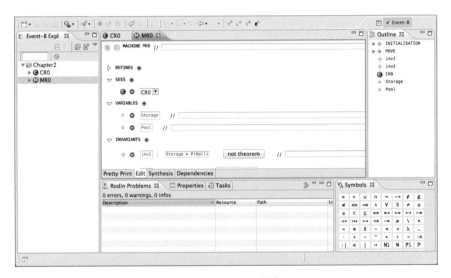

図 3.8　マシンの編集

ションには，エディタが自動的にラベルを付与する．ラベルは適宜，上書きして変更しても良いが，項目内ではラベルが重複しないよう留意する．

　入力が終わったら，左上ツールバーのセーブボタンをクリックしてセーブする．セーブと同時に構文チェックと型チェックが行われ，誤りがあれば Rodin Problems ビューに表示される．問題がなければ証明条件が生成され，自動証

54

3.3 Event-B モデルの作成手順

明が行われる．不変条件やイベントのガードおよびアクションのラベルは，証明条件の名前に反映される．

### 3.3.2 リファインメントの作成

既存コンテクストを拡張したコンテクストを作るには，Event-B Explorer からコンテクストを選んで右クリックし，Extend を選ぶ．CR0 から拡張コンテクストを作成する操作を，図 3.9 に示した．この操作によって表示される画面で拡張コンテクストの名前 CR1 を入力し Finish ボタンを押すと，CR1 が Event-B Explorer に追加される．

拡張コンテクストからさらに拡張コンテクストを作る場合も，同様の手順で行う．なお，拡張コンテクストの編集手順は，コンテクストと同じである．

既存マシンからリファインメントを作るには，Event-B Explorer からマシンを選んで右クリックし，Refine を選ぶ．MR0 からリファインメントを作成する操作を，図 3.10 に示した．この操作によって表示される画面でリファインメントの名前 MR1 を入力し Finish ボタンを押すと，MR1 が Event-B Explorer に追加される．リファインメントからさらに下位のリファインメントを作る場合も，同様の手順で行う．

作成されたリファインメントの編集は，基本的にマシンの編集と同様であ

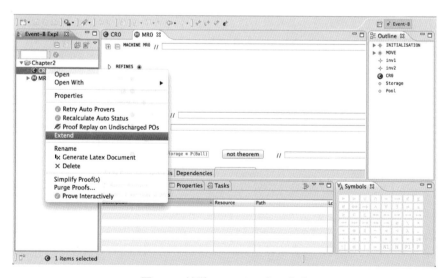

図 3.9 拡張コンテクストの作成

第 3 章 統合ツール RODIN

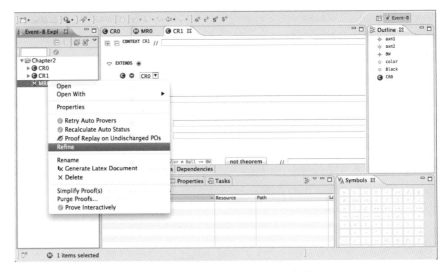

図 3.10 リファインメントの作成

る．ただし，上記の手順で作成したリファインメントには，上位のマシンからいくつかの項目が引き継がれており，必要に応じてそれらも編集しなければならない．

　MR1 の場合，参照するコンテクストを，上記で作成した拡張コンテクスト CR1 に変更する．また，MR1 では MR0 の変数 $Storage$ を $High$ と $Low$ の 2 つの変数で置き換えているので，MR0 から自動的に引き継がれた $Storage$ を編集する必要がある．これは，次の手順で行う．

- VARIABLES の項目から $Storage$ を削除する
- INITIALISATION を not extended に切り替え，以下を行う
    1. action の $Storage := \varnothing$ を削除する
    2. action に $High := \varnothing$ と $Low := \varnothing$ を追加する
- イベント MOVE の名前を MOVE_H に変えて not extended に切り替え，以下を行う
    1. guard に $color(b) \in Black$ を追加する
    2. action の $Storage := Storage \cup \{b\}$ を $High := High \cup \{b\}$ に置き換える
- イベント MOVE_L を追加し，REFINES の項目を MOVE とする

INITIALISATION を not extended に切り替えた際の編集の様子を図 3.11 に，

56

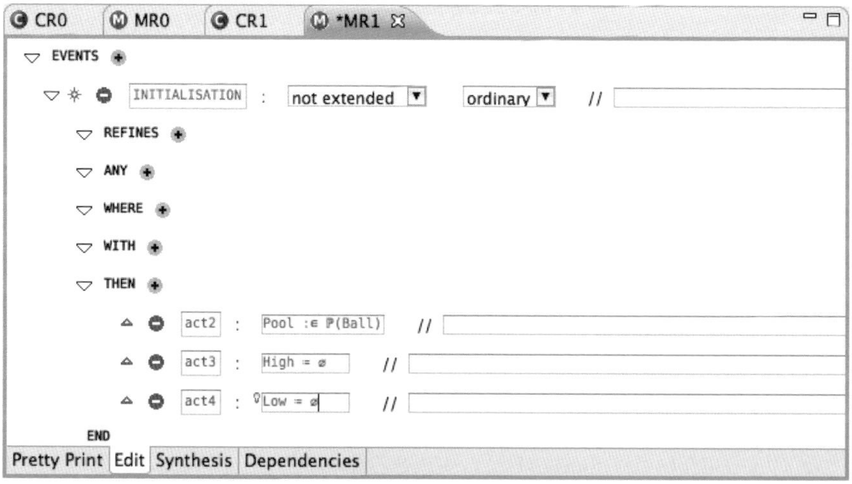

図 3.11 初期化イベントの編集

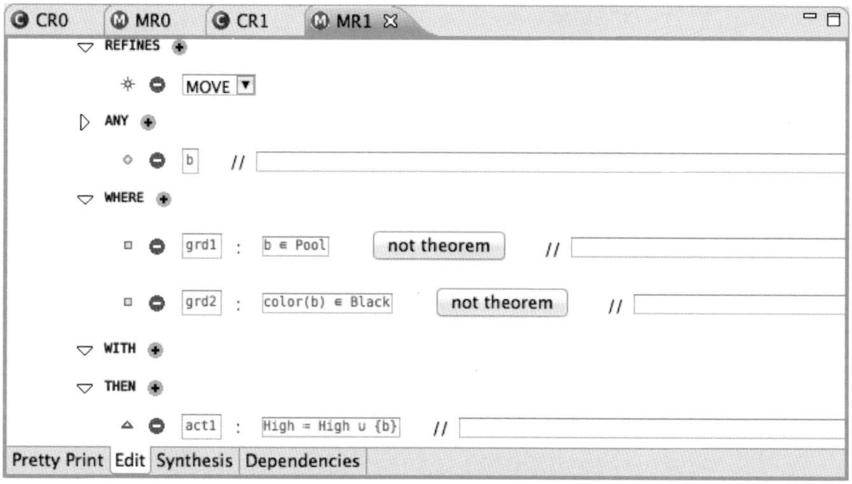

図 3.12 イベントの編集

MOVE_H の編集の様子を図 3.12 に示す．以上で，Event-B モデルの記述が完成した．

### ✎ 相矛盾する公理

コンテキストの公理は論理積で結ばれるので，同時には成立しない式を書くと全体が偽になる．この時，公理が偽であることを RODIN ツールはチェックしないので，このような場合に陥らないよう十分に注意しなければならない．

図 3.13 に，このような相矛盾する公理の例を示す．コンテキストでキャリア・セット $A$ と定数 $a, b$ を宣言した．ここで，公理 axm1 は $a$ が $A$ の要素であるとする一方，公理 axm2 は $a$ は $A$ の要素でないとしており，あきらかに，axm1 と axm2 は同時には成立しない．画面イメージのように，同時には成立しない公理に対してツールは何も警告を出さない．

仕様検証の観点から問題なのは，公理は証明条件の「ならば」の左辺に出現するので，公理が偽であるときは「ならば」の右辺によらず証明条件が真になってしまうことである．たとえば，図 3.13 のように，定数 $a$ と $b$ が等しいという定理 thm1 を与えてみる．定理は公理から証明しなければならないので，図のように証明条件 thm1/THM が生成される．

この時，定数 $b$ については何も規定していないので，$a$ と $b$ が等しいことは証明できないと考えるかもしれない．しかし論理的には，前提条件が偽なので，推論規則 ⊥ hyp (False Hypotheses) によって，thm1 の真偽に関わらず証明条件 thm1/THM は証明できてしまう．

このような前提条件が偽であることは，このコンテキストを参照するマシンやこのコンテキストを拡張するコンテキストにも影響がおよび，さらにそれらのマシンやコンテキストに関わるコンポーネントに波及する．仕様記述において意図しない検証結果を得ないよう，相矛盾する公理を書かないよう十分注意しなければならない．さらに，自動証明ができた，という結果を安易に受け入れるのではなく，十分に吟味してほしい．

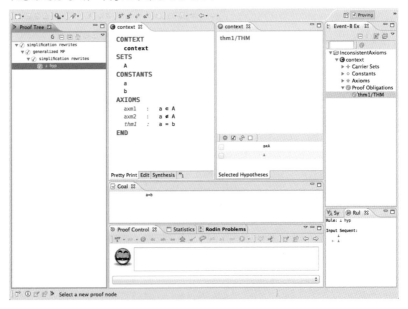

図 3.13　相矛盾する公理

# 第4章

# 事例1：図書館システム

# 第 4 章　事例 1：図書館システム

## 4.1　概要

　この章では，複雑な情報構造を持つシステムの仕様をリファインメントを使って段階的に構築する方法について，簡単な事例をもとに解説する．題材には，図 4.1 のような図書館システムを取り上げる．

　図書館システムは，蔵書や利用者への貸し出し状況に関わる情報を管理するが，これらの情報は複雑に関連し合っている．たとえば，既に貸し出し中の図書は，他の利用者に重複して貸し出すことはできない．また，図書を蔵書から除籍して廃棄する場合，利用者に貸し出し中の図書は除籍してはならない．このような制約を満たし，情報を整合的に管理するシステムの仕様を構築することは，必ずしも容易ではない．

　ここでは，複雑な問題を分割して解決する方法としてリファインメントを利用し，段階的な記述と検証を通じて目的とする仕様を構築する．

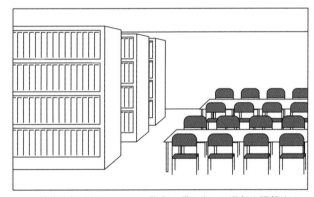

・蔵書を管理する　　・蔵書の貸し出しと返却を記録する
・利用者を管理する　・貸し出し予約を記録する

図 4.1　図書館システムの機能

## 4.2　問題の説明

　次のような機能を持つ図書館システムを考える．

- 蔵書を管理する
  
  寄贈あるいは購入された図書を受け入れ蔵書として記録する (accession)
  
  除籍する蔵書を蔵書記録から抹消する (expulsion)
- 開架図書を管理する
  
  蔵書を書架に移動し開架図書として登録する (move_to_open_stack)
  
  開架図書を書架から移動し登録を削除する (remove_from_open_stack)
- 利用者を管理する
  
  図書館を利用したい人を利用者として登録する (registration)
  
  図書館の利用を解消した人を利用者から抹消する (withdrawal)
- 蔵書の貸し出しと返却を記録する
  
  利用者に貸し出した図書を記録する (loan)
  
  利用者が返却した図書を処理する (return)
- 貸し出し予約を管理する
  
  図書の貸し出し予約を記録する (reservation)
  
  貸し出し予約の取り消しを処理する (cancel_reservation)
- 予約された図書を貸し出す
  
  貸し出し予約された図書を取り分けて記録する (separate_reserved_book)
  
  取り分けた図書の予約者への貸し出しを記録する (loan_separated_book)

ただし，図書の貸し出しについては次の制限がある．

- 貸し出すのは開架図書のみとする
- 予約による貸し出しのため取り分けられている図書は予約者にのみ貸し出す
- 書誌情報（書名など）が同じ図書を1人の利用者に複数貸し出すことはない
- 1冊の図書を複数の利用者に貸し出すことはない
- 1人の利用者が複数の図書を借りても良い

また，貸し出し予約についても下記の制限がある．

- 予約できる図書は，予約時点で貸し出すことのできない図書であり，次のいずれかとする
  ・他の利用者に貸し出し中の図書
  ・他の予約者への貸し出しのため取り分けられている図書

- 開架図書でない図書
  - 蔵書でない図書
- 予約は書誌情報によって行う
- 予約されている書誌情報の図書のいずれかが貸し出し可能になった時点で，予約による貸し出しのために図書を取り分ける
- 予約による貸し出しのために図書を取り分けた時点で予約は削除する
- 同じ書誌情報の図書を複数の利用者が貸し出し予約しても良い
- 1人の利用者が複数の異なる書誌情報の図書を貸し出し予約しても良い
- 自身が借りている図書と同じ書誌情報の図書は予約することができない
- 自身の予約による貸し出しのために取り分けられた図書と同じ書誌情報の図書は予約することができない

## 4.3 考え方

### 4.3.1 キャリア・セットの選択

　まず，図書館システムの基本構成要素となるキャリア・セットについて考える．キャリア・セットは，それ以上細かく分割することのできない最小要素の集合である．図書館システムでは，図書，蔵書，開架図書，書誌情報などさまざまな概念が出てくるが，素直に考えると，それらの最小の要素は本である．ただし，本は複数部印刷されるので，同じ書誌情報の本が複数存在し，それらの内容は同じである．日本語では，書誌情報が同じ本をひとまとめにして「本」という場合と，物理的に1冊の本を「本」という場合があるので，注意する必要がある．図書館システムでは，貸し出しのように物理的な観点からの区分した1冊の本を対象とした機能があることから，1冊の本を記述の最小要素とするのが妥当である．一冊一冊を区分した本を図書と呼ぶことにして，図書の集合 ($COPIES$) をキャリア・セットとする．

```
SETS COPIES
```

図書館システムが管理の対象とするのは蔵書であり，蔵書でない図書はシステムの範囲外にある．しかし，図書の受け入れや除籍には蔵書でない図書が関わるので，システムの機能を記述するためには，蔵書でないものも含めて $COPIES$ を考える必要があることに注意する．また，現実の世界では，図

書が印刷されることで図書の集合に新しい要素が加わり，図書が解体されることで図書の集合から要素が失われる．しかし，図書の印刷や解体は図書館システムの境界外で起こる事象であり，図書館システムの仕様の範囲では，$COPIES$ は与えられたものとしてその変化を考慮する必要はない．

利用者となる人も，図書館システムの重要な構成要素である．人は図書とは独立した存在なので，基本構成要素と考えるのが妥当であろう．そこで，利用者となり得る人の集合 ($PERSONS$) をキャリア・セットとする．

    SETS PERSONS

ここまでは 1 冊の本として図書を考えてきたが，次に書誌情報と図書を対応づけることを考える．まず，書誌情報の集合 ($TITLES$) をキャリア・セットとする．

    SETS TITLES

書誌情報と図書の対応 ($copy2title$) は図書館システムの機能によっては変化しないので，モデル上では定数とするのが妥当である．

    CONSTANTS copy2title

1 つの図書は 1 つの書誌情報に対応する一方，1 つの書誌情報は複数の図書に対応し得るので，$copy2title$ は図書の集合から書名の集合への関数とする．全ての図書は必ず書誌情報を持っているので，全域関数を使う．

$$copy2title \in COPIES \rightarrow TITLES$$

この式は，$copy2title$ が，$COPIES$ から $TITLES$ への全域関数（→）であることを表す[*1]．書誌情報と図書の対応を，図 4.2 に模式的に示す．全域関数なので，copy2title の定義域は $COPIES$ と一致する．つまり，全ての図書が $copy2title$ により書誌情報と対応する．一方，copy2title の値域は $TITLES$ と一致しなくても良い[*2]．

図書 $book$ から書誌情報を得るには，$copy2title$ を関数適用すれば良い．

$$copy2title(book)$$

$copy2title$ を全域関数としたことで，$copy2title$ の定義域に $book$ が必ずあるので，書誌情報が 1 つ得られる．書誌情報 $title$ から図書を得るには，$copy2title$

[*1] 型の上では $COPIES$ から $TITLES$ への全域関数の集まり（→）の要素（∈）．

[*2] 必ず一致する場合には，全域全射（↠）を使う．

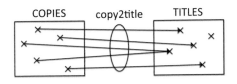

図 4.2　図書と書誌情報の対応

の逆関係 ($^{-1}$) の像 ([ ]) を使い，次のようにする．

$$copy2title^{-1}[\{title\}]$$

得られるのは，$title$ に対応する図書の集合である．もし $title$ に対応する図書がなければ，空集合になる．

### 4.3.2　リファインメント戦略

　図書館システムの説明から，システムには図書が蔵書かそうでないかを区分することが求められる．言い換えれば，図書館システムにとって図書は蔵書か蔵書でないかのいずれかであり，蔵書であるか蔵書でないか判別できなければならない．同様に，図書が蔵書であるときには，それは書架にある開架図書か書架にない図書でないかのいずれかである．さらに，開架図書は貸し出し中か貸し出し中でないかのいずれかである．これらの分類関係を，図 4.3 に示す．
　リファインメントを使った仕様構築では，システムの中核となる機能をモデル化した後，リファインメントを通じて細部を追加していく．したがって，最初のモデルはシステムを最も抽象化したモデルである．図 4.3 の構造から，

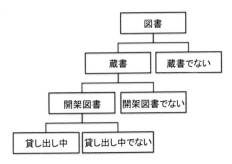

図 4.3　システム化の視点からの図書の分類

図書館システムの場合には蔵書と利用者の管理をシステムの中核機能とし，リファインメントを使って開架図書や貸し出し／返却を追加すれば良い．

一方，貸し出し予約は図書ではなく書誌情報について行われるので，図4.3の構造とは位置付けが異なる．予約のための情報は貸し出し中の図書が定義された段階でそろうので，その時点からリファインメントによって貸し出し予約を追加する．

予約された図書の貸し出しでは，予約されている書誌情報の図書のいずれかが貸し出し可能になった時点で，予約による貸し出しのために図書を取り分ける．取り分けられた図書は予約者にのみ貸し出されるので，まだ貸し出されてはいないが，貸し出された図書に準ずる図書とみなすことができる．そこで，貸し出された図書を分割して，貸し出された図書と，貸し出し予約のために取り分けられた図書で置き換える．

以下の例では，次の順序で図書館システムをモデル化した．

1. モデル1：蔵書と利用者を記述
2. モデル2：開架図書を記述
3. モデル3：貸し出しと返却を記述
4. モデル4：貸し出し予約を記述
5. モデル5：予約された図書の取り分けを記述

### 4.3.3　モデル1

モデル1では，蔵書の集合 ($BookStock$) を導入する．図書の集合 ($COPIES$) と $BookStock$ の間には，図4.4のような包含関係がある．これは，$BookStock$ が $COPIES$ のべき集合（$\mathbb{P}$）の要素，すなわち $COPIES$ の部分集合であることを表す．次の式で表現できる．

$$BookStock \in \mathbb{P}(COPIES)$$

キャリア・セット $COPIES$ とは異なり，$BookStock$ はシステムの機能である蔵書の受け入れや除籍によって変化する．このため，$BookStock$ は変数として宣言する．

$BookStock$ への要素の追加は，和集合（$\cup$）を使った下記の代入で表すこ

とができる．ここで $\{book\}$ は，追加する図書 $book$ だけを要素とする集合を表す．

$$BookStock := BookStock \cup \{book\}$$

$BookStock$ からの要素の削除は，差集合（\）を使った下記の代入で表すことができる．

$$BookStock := BookStock \setminus \{book\}$$

同様に，利用者の集合 $Users$ も変数として次のように宣言する．

$$Users \in \mathbb{P}(PERSONS)$$

利用者の登録，抹消は，蔵書の受け入れや除籍と基本的に同じ方法で表現すれば良い．

図 4.4 図書の集合と蔵書の集合の間の包含関係

### 4.3.4 モデル2

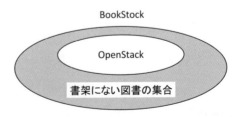

図 4.5 蔵書の集合と開架図書の集合の間の包含関係

モデル 2 では，開架図書の集合 ($OpenStack$) を導入する．$OpenStack$ は，図 4.5 のように，蔵書の集合 ($BookStock$) の部分集合（$\subseteq$）である．これは，次の式で表現できる[*3]．

$$OpenStack \subseteq BookStock$$

[*3] $OpenStack$ は $BookStock$ のべき集合の要素，と表現しても良い．

### 4.3.5 モデル 3

モデル 3 では，利用者と借りている図書を対にして記録する貸し出し記録 ($on\_loan$) を導入する．ここで，1 つの図書を複数の利用者に同時に貸し出すことはないので，1 つの図書に対応する利用者は 1 人だけである．一方，1 人の利用者は複数の図書を借りることができるので，1 人の利用者に対応する図書は複数あり得る．また，全ての図書が貸し出されているとは限らず，全ての利用者が図書を借りているとは限らない．$on\_loan$ と $OpenStack$ および $Users$ の間の関係を模式的に表すと，図 4.6 のようになる．このような対応を表すには，開架図書の集合から利用者の集合への部分関数（$\nrightarrow$）が適切である．

$$on\_loan \in OpenStack \nrightarrow Users$$

図 4.2 のような全域関数とは異なり，部分関数では貸し出し記録の定義域は蔵書の集合と一致する必要はない．

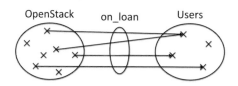

**図 4.6** 貸し出し記録

1 人の利用者が借りている図書に書誌情報が同じものが存在しないことは，次のように表せる．

$\forall book1, book2 \cdot (book1 \in dom(on\_loan) \land book2 \in dom(on\_loan) \land$
$book1 \neq book2 \land on\_loan(book1) = on\_loan(book2)$
$\Rightarrow copy2title(book1) \neq copy2title(book2))$

図書 $book$ に対して $on\_loan$ を関数適用した $on\_loan(book)$ は，$book$ を借りている利用者を表す．なお，$on\_loan$ は部分関数なので，$book$ が $on\_loan$ の定義域にあることが示せないと，well definedness の証明条件が証明できないことに注意する．

$book$ と $user$ の対の $on\_loan$ への追加は，和集合を使った下記の代入で表すことができる．$\{book \mapsto user\}$ は，$book$ と $user$ の順序対を要素とする集合である．

$$on\_loan := on\_loan \cup \{book \mapsto user\}$$

この時，$book$ と $user$ は $on\_loan$ が部分関数であるための制約を満たす必要があることに，注意しなければならない．たとえば，貸し出し中の図書と他の利用者の対を追加すると，部分関数の制約が満たされない．制約が満たされない図書や利用者が選ばれる可能性がある場合，検証時にツールが指摘する．なお，次のように関係の上書き（$\triangleleft\!\!-$）を使うと，$book$ と対応する利用者を $user$ に置き換えるので，既に $book$ を借りている利用者があった場合でも部分関数の制約が満たされる．

$$on\_loan := on\_loan \triangleleft\!\!- \{book \mapsto user\}$$

関係が関数である場合には，関係の上書きを使った代入を次のように書いても良い．

$$on\_loan(book) := user$$

$on\_loan$ からの $book$ の削除は，定義域の減算（$\triangleleft\!\!-$）を使った次の代入で表すことができる．

$$on\_loan := \{book\} \triangleleft\!\!- on\_loan$$

定義域の減算は，$on\_loan$ の定義域から $book$ を除く．つまり，$book$ に関わる対を $on\_loan$ から削除する[*4]．

[*4] $user$ が決まっている場合には，$book$ と $user$ の対を差集合を使って除いても良い．

## 4.3.6　モデル4

モデル4では，利用者が予約した図書の書誌情報を記録する予約記録（$reserved$）を導入する．ここで，1つの図書を複数の利用者が予約しても良

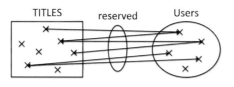

図 4.7 予約記録

いし，1人の利用者が複数の図書を予約しても良いので，書誌情報と利用者の対応は多対多であり得る．このような対応は関数では表せないので，書誌情報の集合 ($TITLES$) と利用者の集合 ($Users$) の関係（↔）を使う．

$$reserved \in TITLES \leftrightarrow Users$$

$reserved$ と $TITLES$ および $Users$ を，図 4.7 に模式的に示す．

書誌情報 ($title$) から，それを予約している利用者を得るには，関係の像を使って，

$$reserved[\{title\}]$$

とする．関係の像の引数は集合でなければならないので，$title$ を要素とする集合を与えた．得られるのは，利用者の集合（予約している利用者がない場合には空集合）である．なお，利用者 ($user$) が予約している書誌情報を得るには，次のように逆関係の像をとれば良い．

$$reserved^{-1}[\{user\}]$$

利用者は，自身が借りている図書と同じ書誌情報の図書を予約することはできないので，$on\_loan$ と $reserved$ の間には常に次の関係が成り立つ．

$$\forall book \cdot (book \in dom(on\_loan) \Rightarrow on\_loan(book) \notin reserved[\{copy2title(book)\}]$$

関係への要素の追加や削除は，部分関数の時と同様に，和集合や差集合を使った代入で表すことができる．

$$reserved := reserved \cup \{title \mapsto user\}$$
$$reserved := reserved \setminus \{title \mapsto user\}$$

一方，ある利用者の予約を全て削除するには，値域の減算（▷）を使った下記の代入が有効である．

$$reserved := reserved \triangleright \{user\}$$

### 4.3.7 モデル5

モデル5では，貸し出し記録 ($on\_loan$) を $lending\_books$ と $reserved\_books$ に分割する．

$$on\_loan = lending\_books \cup reserved\_books$$

$reserved\_books$ は予約による貸し出しのために取り分けた図書と予約者の対を，$lending\_books$ は図書の貸し出しを記録する．同一の図書が取り分けられた図書と貸し出し中の図書に同時に入ることはないので，前者と後者の図書の間に重なりはない．

$$dom(lending\_books) \cap dom(reserved\_books) = \varnothing$$

$reserved\_books$ は $on\_loan$ の部分集合なので，要素の追加／削除は $on\_loan$ と同じ方法で行う．

## 4.4 仕様記述と検証

### 4.4.1 モデル1

モデル1では，仕様記述の基本要素となる図書の集合 ($COPIES$) と人の集合 ($PERSONS$) をコンテクストで宣言し，蔵書の集合 ($BookStock$) と利用者の集合 ($Users$) と，それらへの要素の追加／削除を行うイベントを抽象機械に記述する．

**キャリア・セットと定数** $COPIES$ と $PERSONS$ をキャリア・セットとする．

**SETS**
 $COPIES$
 $PERSONS$
**END**

**変数** $BookStock$ と $Users$ は変数とする．$BookStock$ と $Users$ の初期値は，空集合とした．

**VARIABLES**

$BookStock$
　　　$Users$
**INVARIANTS**
　　　inv1 : $BookStock \in \mathbb{P}(COPIES)$
　　　inv2 : $Users \in \mathbb{P}(PERSONS)$

**Initialisation**
**begin**
　　　act1 : $BookStock := \varnothing$
　　　act2 : $Users := \varnothing$
**end**

**イベント**　$BookStock$ と $Users$ への要素の追加／削除を行うイベントは，次のものである．

　寄贈あるいは購入された図書を $BookStock$ に追加する．

accession $\triangleq$
**any**
　　　$book$
**where**
　　　grd1 : $book \in COPIES$
　　　grd2 : $book \notin BookStock$
**then**
　　　act1 : $BookStock := BookStock \cup \{book\}$
**end**

　除籍する図書を $BookStock$ から削除する．

expulsion $\triangleq$
**any**
　　　$book$
**where**
　　　grd1 : $book \in BookStock$
**then**
　　　act1 : $BookStock := BookStock \setminus \{book\}$
**end**

　図書館を利用したい人を $Users$ に追加する．

registration $\triangleq$
**any**
　　　$user$
**where**

$$\text{grd1} : user \in PERSONS$$
$$\text{grd2} : user \notin Users$$
**then**
$$\text{act1} : Users := Users \cup \{user\}$$
**end**

図書館の利用を解消した人を $Users$ から削除する．

withdrawal $\triangleq$
**any**
　$user$
**where**
　$\text{grd1} : user \in Users$
**then**
　$\text{act1} : Users := Users \setminus \{user\}$
**end**

## 4.4.2　モデル2

モデル2ではモデル1の抽象機械をリファインして開架図書 ($OpenStack$) を導入し，$OpenStack$ への要素の追加／削除を行うイベントを記述する．

**変数**　$OpenStack$ は，変数とする．$OpenStack$ の初期値も，空集合とする[*5]．

[*5] $BookStock$ の初期値が空集合なので，$OpenStack$ の初期値も空集合としなければ不変条件が満たされない．

**VARIABLES**
　$BookStock$
　$Users$
　$OpenStack$
**INVARIANTS**
　$\text{inv1} : OpenStack \subseteq BookStock$

**イベント**　$OpenStack$ への要素の追加／削除を行う次の2つのイベントを加える．

書架へ移動した図書を $OpenStack$ に追加する．

move_to_open_stack $\triangleq$
**any**
　$book$
**where**
　$\text{grd1} : book \in BookStock$

  grd2 : $book \notin OpenStack$
**then**
  act1 : $OpenStack := OpenStack \cup \{book\}$
**end**

書架から移動した図書を $OpenStack$ から削除する．

remove_from_open_stack $\triangleq$
**any**
  $book$
**where**
  grd1 : $book \in OpenStack$
**then**
  act1 : $OpenStack := OpenStack \setminus \{book\}$
**end**

ところで，蔵書 ($book$) を除籍 (expulsion) する際に，それが $OpenStack$ の要素であれば，$OpenStack$ からも除かなければならない．このため，モデル 1 のイベント expulsion を expulsion_from_closed_stack と expulsion_from_open_stack の 2 つに分割し，後者では $book$ を $OpenStack$ からも削除した．もし $OpenStack$ から削除しない場合，$OpenStack$ の要素である一方 $BookStock$ の要素でない図書が存在し，次の不変条件が満たされなくなる．

$$OpenStack \subseteq BookStock$$

このような誤りは，検証時に証明できない証明条件が残ることで気付くことができる．

expulsion_from_closed_stack $\triangleq$
**refines** $expulsion$
**any**
  $book$
**where**
  grd1 : $book \in BookStock$
  grd2 : $book \notin OpenStack$
**then**
  act1 : $BookStock := BookStock \setminus \{book\}$
**end**

expulsion_from_open_stack $\triangleq$
**refines** $expulsion$

```
  any
    book
  where
    grd1 : book ∈ OpenStack
  then
    act1 : BookStock := BookStock \ {book}
    act2 : OpenStack := OpenStack \ {book}
  end
```

accession, registration, withdrawal は，モデル1と同一である．

## 4.4.3 モデル3

モデル3では，モデル1のコンテキストを拡張して書誌情報 ($TITLES$) と書誌情報と図書の対応 ($copy2title$) を宣言し，モデル2の抽象機械をリファインして貸し出し記録 ($on\_loan$) とそれらへの要素の追加／削除を行うイベントを記述する．

**キャリア・セットと定数** $TITLES$ はキャリア・セット，$copy2title$ は定数とする．

```
SETS
  TITLES
CONSTANTS
  copy2title
AXIOMS
  axm1 : copy2title ∈ COPIES → TITLES
END
```

**変数** $on\_loan$ は，変数とする．

```
VARIABLES
  BookStock
  Users
  OpenStack
  on_loan
INVARIANTS
  inv1 : on_loan ∈ OpenStack ⇸ Users
  inv2 : ∀book1, book2·(book1 ∈ dom(on_loan) ∧ book2 ∈ dom(on_loan)∧
```

$$on\_loan(book1) = on\_loan(book2) \land book1 \neq book2$$
$$\Rightarrow copy2title(book1) \neq copy2title(book2))$$

**イベント** このモデルでは，$on\_loan$ への要素の追加／削除を行う以下の3つのイベントを加える．

貸し出した図書を利用者とともに $on\_loan$ に追加する．このイベントのガード条件 grd4 は，書誌情報の異なる図書しか貸し出せないように貸し出しを制限する．これは，書誌情報が同じ図書を1人の利用者に複数貸し出すことはないことを反映している．このガード条件がない場合，$on\_loan$ の不変条件が満たされない．

loan $\triangleq$
**any**
    *book*
    *user*
**where**
    $grd1 : book \in OpenStack$
    $grd2 : book \notin dom(on\_loan)$
    $grd3 : user \in Users$
    $grd4 : copy2title(book) \notin copy2title[on\_loan^{-1}[\{user\}]]$
**then**
    $act1 : on\_loan := on\_loan \cup \{book \mapsto user\}$
**end**

利用者が返却した図書を $on\_loan$ から削除する．

return $\triangleq$
**any**
    *book*
**where**
    $grd1 : book \in dom(on\_loan)$
**then**
    $act1 : on\_loan := \{book\} \triangleleft on\_loan$
**end**

$on\_loan$ にある図書の利用者を変更する．

transfer_lended_book $\triangleq$
**any**
    *book*
    *user*

   $another\_user$
  **where**
   grd1 : $book \mapsto user \in on\_loan$
   grd2 : $another\_user \in Users$
   grd3 : $copy2title(book) \notin copy2title[on\_loan^{-1}[\{another\_user\}]]$
  **then**
   act1 : $on\_loan(book) := another\_user$
  **end**

また，イベント move_to_open_stack をリファインして，図書を開架図書に移すと同時に $on\_loan$ に追加するイベント move_to_open_stack_and_loan を加えた．

  move_to_open_stack_and_loan $\triangleq$
  **refines** $move\_to\_open\_stack$
  **any**
   $book$
   $user$
  **where**
   grd1 : $book \in BookStock$
   grd2 : $book \notin OpenStack$
   grd3 : $user \in Users$
   grd4 : $copy2title(book) \notin copy2title[on\_loan^{-1}[\{user\}]]$
  **then**
   act1 : $OpenStack := OpenStack \cup \{book\}$
   act2 : $on\_loan := on\_loan \cup \{book \mapsto user\}$
  **end**

$on\_loan$ の導入にともない，$Users$，$OpenStack$ と $on\_loan$ の間の不変条件を保つため，モデル 2 のいくつかのイベントに制限を加える．まず，expulsion_from_open_stack では貸し出し中の図書が除籍されないように，ガード条件 grd2 を追加する．

  expulsion_from_open_stack $\triangleq$
  **refines** $expulsion\_from\_open\_stack$
  **any**
   $book$
  **where**
   grd1 : $book \in OpenStack$
   grd2 : $book \notin dom(on\_loan)$
  **then**
   act1 : $BookStock := BookStock \setminus \{book\}$

$\quad$ act2 : $OpenStack := OpenStack \setminus \{book\}$
**end**

withdrawal も同様に，本を借りている利用者が抹消されないようガード条件 grd2 を追加する．

withdrawal $\triangleq$
**refines** *withdrawal*
**any**
$\quad$ *user*
**where**
$\quad$ grd1 : $user \in Users$
$\quad$ grd2 : $user \notin ran(on\_loan)$
**then**
$\quad$ act1 : $Users := Users \setminus \{user\}$
**end**

貸し出し中の図書が書架から移動されて開架図書でなくなる場合にも不整合が起こるので，貸し出し中の図書が移動されないことを求めるガード条件 grd2 を remove_from_open_stack にも追加する．

remove_from_open_stack $\triangleq$
**refines** *remove_from_open_stack*
**any**
$\quad$ *book*
**where**
$\quad$ grd1 : $book \in OpenStack$
$\quad$ grd2 : $book \notin dom(on\_loan)$
**then**
$\quad$ act1 : $OpenStack := OpenStack \setminus \{book\}$
**end**

accession, expulsion_from_closed_stack, registration, move_to_open_stack はモデル 2 と同一である．

## 4.4.4　モデル 4

モデル 4 では，モデル 3 の抽象機械を拡張して利用者が予約した図書の書誌情報を記録する予約記録 (*reserved*) を導入し，*reserved* への要素の追加／削除を行うイベントを記述する．

**変数**　　*reserved* は，変数とする．

# 第4章 事例1：図書館システム

**VARIABLES**
  $BookStock$
  $Users$
  $OpenStack$
  $on\_loan$
  $reserved$

**INVARIANTS**
  inv1 : $reserved \in TITLES \leftrightarrow Users$
  inv2 : $\forall book \cdot (book \in dom(on\_loan)$
     $\Rightarrow on\_loan(book) \notin reserved[\{copy2title(book)\}])$

**イベント**  $reserved$ への要素の追加／削除を行う次の2つのイベントを加える．

図書の貸し出し予約を $reserved$ に追加する．このイベントのガード条件 grd4 は，予約する書誌情報の開架図書が全て貸し出し中のときのみに予約が行えることを表す．また，ガード条件 grd5 は，予約する書誌情報の図書を利用者自身が借りていないことを表す．

$reservation \;\widehat{=}\;$
**any**
  $title$
  $user$
**where**
  grd1 : $title \in TITLES$
  grd2 : $user \in Users$
  grd3 : $title \mapsto user \notin reserved$
  grd4 : $(copy2title^{-1}[\{title\}] \cap OpenStack) \subseteq dom(on\_loan)$
  grd5 : $on\_loan^{-1}[\{user\}] \cap copy2title^{-1}[\{title\}] = \varnothing$
**then**
  act1 : $reserved := reserved \cup \{title \mapsto user\}$
**end**

貸し出し予約を $reserved$ から削除する．

$cancel\_reservation \;\widehat{=}\;$
**any**
  $title$
  $user$
**where**
  grd1 : $title \mapsto user \in reserved$
**then**
  act1 : $reserved := reserved \setminus \{title \mapsto user\}$

**end**

$reserved$ の導入にともない，$Users$, $on\_loan$ と $reserved$ の間の不変条件を保つため，モデル3のいくつかのイベントに制限を加える．まず，withdrawal では図書の貸し出し予約をしている利用者が，予約を取り消すことなく抹消されないように，ガード条件 grd3 を追加する．

 withdrawal $\triangleq$
 **refines** $withdrawal$
 **any**
  $user$
 **where**
  grd1 $: user \in Users$
  grd2 $: user \notin ran(on\_loan)$
  grd3 $: user \notin ran(reserved)$
 **then**
  act1 $: Users := Users \setminus \{user\}$
 **end**

loan は，予約されていない図書の貸し出しに限定するため，モデル3の loan のガード条件にガード条件 grd5 を追加した．

 loan $\triangleq$
 **refines** $loan$
 **any**
  $book$
  $user$
 **where**
  grd1 $: book \in OpenStack$
  grd2 $: book \notin dom(on\_loan)$
  grd3 $: user \in Users$
  grd4 $: copy2title(book) \notin copy2title[on\_loan^{-1}[\{user\}]]$
  grd5 $: copy2title(book) \notin dom(reserved)$
 **then**
  act1 $: on\_loan := on\_loan \cup \{book \mapsto user\}$
 **end**

一方，予約されている図書の貸し出しでは $reserved$ を更新する必要があるので，モデル3の loan をリファインして新たなイベント loan_reserved_book を作った．loan_reserved_book のガード条件は，loan に追加した上記の grd5 を，図書が予約されていることを表す下記に差し替えたものである．

$$copy2title(book) \mapsto user \in reserved$$

# 第4章 事例1：図書館システム

なお，この条件が成り立つときには

$$user \in Users \land copy2title(book) \notin copy2title[on\_loan^{-1}[\{user\}]]$$

も成り立つことが $reserved$ の不変条件から言えるので，これはガード条件から削除した．

loan_reserved_book $\triangleq$
**refines** $loan$
**any**
    $book$
    $user$
**where**
    grd1 : $book \in OpenStack$
    grd2 : $book \notin dom(on\_loan)$
    grd3 : $copy2title(book) \mapsto user \in reserved$
**then**
    act1 : $on\_loan := on\_loan \cup \{book \mapsto user\}$
    act2 : $reserved := reserved \setminus \{copy2title(book) \mapsto user\}$
**end**

move_to_open_stack_and_loan と transfer_lended_book は予約された図書の貸し出しに限定し，おのおのの名前を move_reserved_book_to_open_stack と transfer_reserved_book とした．ここで，loan_reserved_book と同様にガード条件

$$user \in Users \land copy2title(book) \notin copy2title[on\_loan^{-1}[\{user\}]]$$

は，図書が予約されていることを表すガード条件から言えるので削除した．

move_reserved_book_to_open_stack $\triangleq$
**refines** $move\_to\_open\_stack\_and\_loan$
**any**
    $book$
    $user$
**where**
    grd1 : $book \in BookStock$
    grd2 : $book \notin OpenStack$
    grd3 : $copy2title(book) \mapsto user \in reserved$
**then**
    act1 : $OpenStack := OpenStack \cup \{book\}$
    act2 : $on\_loan := on\_loan \cup \{book \mapsto user\}$
    act3 : $reserved := reserved \setminus \{copy2title(book) \mapsto user\}$

end

transfer_reserved_book $\triangleq$
**refines** $transfer\_lended\_book$
**any**
    $book$
    $user$
    $another\_user$
**where**
    grd1 : $book \mapsto user \in on\_loan$
    grd2 : $copy2title(book) \mapsto another\_user \in reserved$
**then**
    act1 : $on\_loan(book) := another\_user$
    act2 : $reserved := reserved \setminus \{copy2title(book) \mapsto another\_user\}$
**end**

この変更により，move_to_open_stack は予約されていない図書の $OpenStack$ への追加に限定し，ガード条件 grd3 を追加した．

move_to_open_stack $\triangleq$
**refines** $move\_to\_open\_stack$
**any**
    $book$
**where**
    grd1 : $book \in BookStock$
    grd2 : $book \notin OpenStack$
    grd3 : $copy2title(book) \notin dom(reserved)$
**then**
    act1 : $OpenStack := OpenStack \cup \{book\}$
**end**

accession, expulsion_from_closed_stack, expulsion_from_open_stack, registration, remove_from_open_stack, return は，モデル 3 と同一である．

## 4.4.5　モデル 5

モデル 5 では，モデル 4 までの図書の貸し出しを，予約された図書の取り分けと，予約されていない図書および取り分けられた図書の貸し出しに分離する．このため，モデル 4 をリファインして変数 $on\_loan$ を貸し出し中の図書 ($lending\_books$) と取り分けられた図書 ($reserved\_books$) に分割し，これらへの要素の追加／削除を行うイベントを記述する．

# 第 4 章 事例 1：図書館システム

**変数** モデル 4 の変数 $on\_loan$ を，$lending\_books$ と $reserved\_books$ で置き換える．

**VARIABLES**
  $BookStock$
  $Users$
  $OpenStack$
  $reserved$
  $lending\_books$
  $reserved\_books$

**INVARIANTS**
  inv1 : $on\_loan = lending\_books \cup reserved\_books$
  inv2 : $dom(lending\_books) \cap dom(reserved\_books) = \varnothing$

**イベント** 予約者に貸し出す図書を $reserved\_books$ から削除し $lending\_books$ に追加するイベント，loan_separated_book を加える．これは，$on\_loan$ 内部の要素の移動に相当する．このモデルでは変数の表現を変えているだけなので，新たに加えたイベント loan_separated_book は，実質的には変数 $on\_loan$ の値を変えていないことに留意してほしい．

loan_separated_book $\triangleq$
**any**
  $book$
  $user$
**where**
  grd1 : $book \mapsto user \in reserved\_books$
**then**
  act1 : $lending\_books := lending\_books \cup \{book \mapsto user\}$
  act1 : $reserved\_books := reserved\_books \setminus \{book \mapsto user\}$
**end**

return_reserved_book は返却された図書を予約者のために取り分けるイベントで，モデル 4 の transfer_reserved_book のリファインメントである．ここで，$on\_loan$ に関わるガード条件は，grd1 のように $lending\_books$ に関するガード条件で置き換える．

return_reserved_book $\triangleq$
**refines** transfer_reserved_book
**any**
  $book$
  $user$
  $another\_user$
**where**

grd1 : $book \mapsto user \in lending\_books$
   grd2 : $copy2title(book) \mapsto another\_user \in reserved$
**then**
   act1 : $lending\_books := \{book\} \vartriangleleft lending\_books$
   act2 : $reserved\_books := reserved\_books \cup \{book \mapsto another\_user\}$
   act3 : $reserved := reserved \setminus \{copy2title(book) \mapsto another\_user\}$
**end**

move_reserved_book_to_open_stack, separate_reserved_book, cancel_reserved_book, turn_over_reserved_book は予約された図書の取り分けに関わり，$reserved\_books$ への要素の追加／削除を行う．

move_reserved_book_to_open_stack $\triangleq$
**refines** move_reserved_book_to_open_stack
**any**
   $book$
   $user$
**where**
   grd1 : $book \in BookStock$
   grd2 : $book \notin OpenStack$
   grd3 : $copy2title(book) \mapsto user \in reserved$
**then**
   act1 : $OpenStack := OpenStack \cup \{book\}$
   act2 : $reserved\_books := reserved\_books \cup \{book \mapsto user\}$
   act3 : $reserved := reserved \setminus \{copy2title(book) \mapsto user\}$
**end**

separate_reserved_book は予約者へのため取り分けた図書を $reserved\_books$ に追加するイベントであり，モデル 4 の loan_reserved_book のリファインメントである．ここで，on_loan に関わるガード条件は，grd2 と grd3 のように $lending\_books$ と $reserved\_books$ に関するガード条件で置き換える．

separate_reserved_book $\triangleq$
**refines** loan_reserved_book
**any**
   $book$
   $user$
**where**
   grd1 : $book \in OpenStack$
   grd2 : $book \notin dom(lending\_books)$
   grd3 : $book \notin dom(reserved\_books)$
   grd4 : $copy2title(book) \mapsto user \in reserved$
**then**

　　　　act1 : $reserved\_books := reserved\_books \cup \{book \mapsto user\}$
　　　　act2 : $reserved := reserved \setminus \{copy2title(book) \mapsto user\}$
　　**end**

　　cancel_reserved_book と turn_over_reserved_book は，取り分けられた図書の取り消しであり，後者では取り消された図書を引き続いて別の予約者のために取り分ける．ここで，$on\_loan$ に関わるガード条件は，grd1 のように $reserved\_books$ に関するガード条件で置き換える．

　　cancel_reserved_book $\triangleq$
　　**refines** $return$
　　**any**
　　　　$book$
　　**where**
　　　　grd1 : $book \in dom(reserved\_books)$
　　　　grd2 : $copy2title(book) \notin dom(reserved)$
　　**then**
　　　　act1 : $reserved\_books := \{book\} \triangleleft reserved\_books$
　　**end**

　　turn_over_reserved_book $\triangleq$
　　**refines** $transfer\_reserved\_book$
　　**any**
　　　　$book$
　　　　$user$
　　　　$another\_user$
　　**where**
　　　　grd1 : $book \mapsto user \in reserved\_books$
　　　　grd2 : $copy2title(book) \mapsto another\_user \in reserved$
　　**then**
　　　　act1 : $reserved\_books(book) := another\_user$
　　　　act2 : $reserved := reserved \setminus \{copy2title(book) \mapsto another\_user\}$
　　**end**

　　loan と return は予約されていない図書の貸し出しと返却に関わり，$lending\_books$ への要素の追加／削除を行う．ここで，$on\_loan$ に関わるガード条件を，loan では $lending\_books$ と $reserved\_books$ に関する条件で，return では $lending\_books$ で置き換える．

　　loan $\triangleq$
　　**refines** $loan$
　　**any**
　　　　$book$

$user$
**where**
　　grd1 : $book \in OpenStack$
　　grd2 : $book \notin dom(lending\_books)$
　　grd3 : $book \notin dom(reserved\_books)$
　　grd4 : $user \in Users$
　　grd5 : $copy2title(book) \notin copy2title[lending\_books^{-1}[\{user\}]]$
　　grd6 : $copy2title(book) \notin copy2title[reserved\_books^{-1}[\{user\}]]$
　　grd7 : $copy2title(book) \notin dom(reserved)$
**then**
　　act1 : $lending\_books := lending\_books \cup \{book \mapsto user\}$
**end**

return $\triangleq$
**refines** $return$
**any**
　　$book$
**where**
　　grd1 : $book \in dom(lending\_books)$
　　grd2 : $copy2title(book) \notin dom(reserved)$
**then**
　　act1 : $lending\_books := \{book\} \vartriangleleft lending\_books$
**end**

　変数 $on\_loan$ が $lending\_books$ と $reserved\_books$ に分割されたので，$on\_loan$ に関わるガード条件を持つ他のイベントについても，イベントが対象とする図書の範囲に応じて置き換える必要がある．expulsion_from_open_stack, withdrawal, remove_from_open_stack, reservation では，$on\_loan$ に関するガード条件を $lending\_books$ と $reserved\_books$ に関する条件で置き換える．

expulsion_from_open_stack $\triangleq$
**refines** $expulsion\_from\_open\_stack$
**any**
　　$book$
**where**
　　grd1 : $book \in OpenStack$
　　grd2 : $book \notin dom(lending\_books)$
　　grd3 : $book \notin dom(reserved\_books)$
**then**
　　act1 : $BookStock := BookStock \setminus \{book\}$
　　act2 : $OpenStack := OpenStack \setminus \{book\}$
**end**

# 第 4 章　事例 1：図書館システム

withdrawal $\mathrel{\hat{=}}$
**refines** $withdrawal$
**any**
　$user$
**where**
　grd1 : $user \in Users$
　grd2 : $user \notin ran(lending\_books)$
　grd3 : $user \notin ran(reserved\_books)$
　grd4 : $user \notin ran(reserved)$
**then**
　act1 : $Users := Users \setminus \{user\}$
**end**

remove_from_open_stack $\mathrel{\hat{=}}$
**refines** $remove\_from\_open\_stack$
**any**
　$book$
**where**
　grd1 : $book \in OpenStack$
　grd2 : $book \notin dom(lending\_books)$
　grd3 : $book \notin dom(reserved\_books)$
**then**
　act1 : $OpenStack := OpenStack \setminus \{book\}$
**end**

reservation $\mathrel{\hat{=}}$
**refines** $reservation$
**any**
　$title$
　$user$
**where**
　grd1 : $title \in TITLES$
　grd2 : $user \in Users$
　grd3 : $title \mapsto user \notin reserved$
　grd4 : $(copy2title^{-1}[\{title\}] \cap OpenStack)$
　　　　$\subseteq dom(lending\_books \cup reserved\_books)$
　grd5 : $(lending\_books \cup reserved\_books)^{-1}[\{user\}] \cap copy2title^{-1}[\{title\}]$
　　　　$= \varnothing$
**then**
　act1 : $reserved := reserved \cup \{title \mapsto user\}$
**end**

accession, expulsion_from_closed_stack, registration, move_to_open_stack, cancel_reservation は，モデル 4 と同一である．

## 4.5 演習問題

　上記の図書館システムでは，利用者は蔵書でない図書についても貸し出しを予約することができる．予約された図書は貸し出し可能な状態になれば貸し出されるが，蔵書でない図書についてはまず受け入れが行われなければならない．そこで，利用者が書誌情報により予約した図書のうち蔵書になっていないものについて，貸し出し予約した利用者が書誌情報を指定して購入を申請できるようシステムを拡張する．購入された図書は蔵書として受け入れられ，それ以降は蔵書と同じ手順で予約した利用者に貸し出されるものとする（購入申請した利用者に優先的に貸し出されるわけではない）．

　図書館システムに，下記のような図書購入申請機能を追加しなさい．これには，図書購入申請機能の追加だけでなく，購入図書の受け入れ処理と貸し出し予約のキャンセル処理の変更も含まれることに注意．

- 図書館の利用者は，まだ蔵書になっていない図書の購入を，書誌情報を指定して申請することができる
- 申請された図書は申請した利用者とともに記録され，図書が購入されて蔵書として受け入れ処理が行われた時点で記録から削除される

ただし，以下の制約がある．

- 図書購入申請できるのは，その利用者が貸し出し予約した図書のうち蔵書でないものに限る
- 書誌情報が同じ図書購入申請が既に他の利用者によって提出されている場合は，重複して購入申請することはできない
- 1 人の利用者が購入申請を提出できる回数に制限はないが，書誌情報が同じ購入申請を複数回提出することはできない
- 利用者が貸し出し予約を取り消した時には，図書購入申請も同時に取り消される

# 第5章

## 事例2：ドアロックシステム

## 5.1 概要

この章では，外部環境の変化に応じて動作する，リアクティブシステムのモデル化について考える．Event-Bを使ったリアクティブシステムのモデル化方法についてはS.Huden and T.S. Hoang [1] やW.Su, J.-R. Abrial and H.Zhu [2] の研究があるので，これらも参考にしていただきたい．

ここでは題材として，図5.1のような，自動車のドアロックシステムを取り上げる．このシステムは，自動車が停止しているか車速が遅い時には，乗員の操作によって自動車のドアをロック／アンロックする．一方，一定の車速以上になると，安全のためドアをロックするとともに，乗員によるアンロック操作を無視する．

- 車速が遅い時：乗員がドアをロック／アンロックできる
- 車速が速い時：ドアが自動でロックされ乗員はアンロックできない

図 5.1　自動車のドアロックシステム

リアクティブシステムは，基本的に次の3つの要素から構成される．

- 外部環境をモニタするセンサ
- センサから得られた値をもとに動作を決定するコントローラ
- コントローラの指示により外部環境に働きかけるアクチュエータ

情報は，センサ→コントローラ→アクチュエータの順に流れる．この一連の流れがシステムの中で繰り返されることにより，外部環境の変化に応じた働きかけが行われる．

このとき，外部環境がシステムの構成要素の動作時間より短い時間で変化

し得るならば，システムが変化に即座に対応できるとは限らない．たとえばアクチュエータの動作が遅いと，アクチュエータの動作中に外部環境が変化し，変化した環境には不適切な働きかけをする可能性もある．このような状況のもとでは，コントローラは構成要素が動作している間に起こり得る環境の変化を想定して，動作を決定する必要がある．

以下では，構成要素の動作時間を考慮した上で，システムが一定の性質を満たすことを保証できるモデルの構成方法と，性質が満たされることの検証方法について考える．

## 5.2 問題の説明

次のような機能を持つ自動車のドアロックシステムを考える．

- 車速が下限値以下のとき
  乗員の操作によって，ドアをロック／アンロックする
- 車速が下限値より高いとき
  乗員のアンロック操作を無視する
- 車速が上限値以上のとき
  自動でドアをロックする

簡単のため，車速は速度の絶対値として0以上とする（進行方向は無視して，速さのみを考慮する）．また，前進から後退および後退から前進する場合には，必ず一旦停止するものとする．

ドアロックシステムは，図5.2に示すように，センサ，コントローラ，アクチュエータから構成されるものとする．

1. センサは一定の時間間隔で周期的に車速を測定する
2. コントローラはセンサからの車速値と乗員の操作[*1]によってロック／アンロックを判断し，アクチュエータに指示する
3. アクチュエータはコントローラの指示にしたがってロック／アンロック動作を行う

車速がどのように変化しても，センサ値がアンロック上限速度以上であればドアが確実にロックされているようにシステムを設計することが，本章の問

[*1] 問題を簡単にするため，乗員の操作はコントローラに直接入力されるものとし，センサは車速のみを測定する

# 第5章 事例2：ドアロックシステム

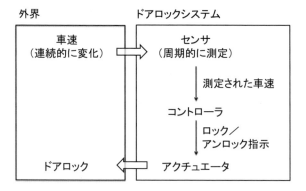

図 5.2 ドアロックシステムの構成

題である．

　ここで，センサの測定値がコントローラの判断に反映されなければ意味がないので，センサの測定周期はコントローラの動作時間よりも長いとする．すなわち，コントローラはセンサから車速値を受け取って動作を判断し，次に車速値を受け取るまでには判断を終えている．前述のように，コントローラが動作している間にも外部環境である車速は変化するが，それをコントローラが知るのは次にセンサから車速値を受け取る時である．また，アクチュエータはセンサの測定周期よりも短い時間でコントローラの指示を受け取ることができるが，アクチュエータが動作して環境に働きかけるまでの時間はセンサの測定周期より長いとする．このため，アクチュエータが動作中に測定される車速値が変化し，それにともなってコントローラの指示が変わることがあり得る．

　これらの前提のもと，センシング周期による遅れとアクチュエータ動作時間を考慮し，車が最大に加速した時でもセンサ値がアンロック上限速度までにロックが完了するよう，コントローラがロック指示を出すセンサ値を設定すれば良い．以下では，次の記号を使う．

- $c\_low$：コントローラが乗員のドアアンロック操作を受け付ける上限のセンサ値
- $c\_high$：コントローラがドアロックを指示するセンサ値
- $l\_limit$：アンロック上限速度すなわちドアがロックされていることを保証するセンサ値

なお，センサ値が $c\_low$ と $c\_high$ の間にあるときは，コントローラは乗員の

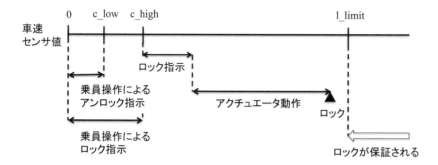

図 5.3 加速中の車速センサ値とドアロックの関係

ドアロック操作がなければ現状維持を指示するものとする．加速中の車速センサ値とドアロックの関係を，図 5.3 に示す．

## 5.3 考え方

### 5.3.1 時間変化のモデル化

物理量としての時間や車速は実数であるが，Event-B では整数や自然数はサポートされている一方，実数はサポートされていない．ただし，ここで取り上げる問題については，ロック上限速度までにドアが確実にロックされていることの検証に関心があるので，連続量に代えて離散量である整数による近似を使った粗いモデルでも，十分有効であると考えられる．

また，システムが対象とするのは，センサの測定周期を単位とした外部環境の変化とシステムの動作であり，物理的な時間をモデルに取り込む必要はない．そこで，センサの測定周期を時間の単位とし，アクチュエータの動作時間は，センサ周期の整数倍で表現する．

このような考え方から，次の記号を導入する．

- センサ周期内の車速変化の最大値を，定数 $s\_dv$ とする
- アクチュエータの動作時間は一定であるとし，動作時間をセンサ周期で割った値（割り切れない場合は繰り上げ）を定数 $a\_delay$ とする

ここで，定数 $s\_dv$ と $a\_delay$ は正の自然数であり，簡単のため車速変化の最大値は加速減速ともに同じ $s\_dv$ とする．したがって，測定された車速が $s\_v$

# 第 5 章 事例 2：ドアロックシステム

であるとき次の周期で測定される車速 $s\_v'$ は

$$max(0, s\_v - s\_dv) \leq s\_v' \leq s\_v + s\_dv$$

であり（第 5.2 節の問題説明から，車速は前進／後退によらず 0 以上），車速 $s\_v$ は最大で $s\_dv$ だけ減少または増加する．

なお，車速はセンサ測定後も連続的に変化するため，センサ値が $s\_v$ である時の実車速 $v$ は

$$max(0, s\_v - em - s\_dv) \leq v \leq s\_v + em + s\_dv$$

である．ここで，$em$ はセンサが車速を整数化することに伴う誤差の最大値を表す．また，ドアがロックされていることを保証できる実車速 $v$ は，ドアがロックされていることを保証するセンサ値 $l\_limit$ に対して

$$l\_limit + em \leq v$$

である．

## 5.3.2 要素間の同期のモデル化

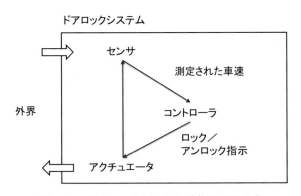

図 5.4 ドアロックシステム動作のモデル化

センサ，コントローラ，アクチュエータの間の同期は，図 5.4 のように，これらの要素を順に繰り返し活性化することでモデル化する．活性化する要素は，次の 3 つの定数によって指定する．

- $sns$：センサを活性化
- $cnt$：コントローラを活性化
- $act$：アクチュエータを活性化

これらの定数は，集合 $PHASE$ の要素として次のように宣言した．

$$partition(PHASE, \{sns\}, \{cnt\}, \{act\})$$

ここで，$partition$ は集合の分割を表す述語であり，集合 $PHASE$ が集合 $\{sns\}$ と $\{cnt\}$ と $\{act\}$ に分割されることを表す．これにより，各定数が集合 $PHASE$ の異なる要素であることが示せる．

以下のモデルでは，センサ，コントローラ，アクチュエータを，1つの抽象機械の中の異なるイベントとして表現した．活性順序は，活性順序を格納する変数 $phase$ を用意して制御している．たとえばセンサのイベントでは，

$$phase = sns$$

をガード条件に加えることで，センサが活性化されたときにのみセンサのイベントを起こす．センサの次にコントローラを活性化するためには，センサのイベントのアクションで，

$$phase := cnt$$

と $phase$ を書き換えれば良い．

センサ，コントローラ，アクチュエータの間の情報の伝達は，共通の変数を各イベントが参照，更新することによって表現する．ここでは，次の2つの変数を使っている．

- センサからコントローラ
  測定した車速を表現する変数 $s\_v$
- コントローラからアクチュエータ
  ロック／アンロック指示を表現する変数 $c\_mode$

$s\_v$ は自然数（0以上の整数），$c\_mode$ は次のように定義される集合 $C\_MODE$ の要素である．

$$partition(C\_MODE, \{c\_unlock\}, \{c\_lock\})$$

> **✎ 要素を列挙した集合の定義**
>
> Event-B では，$X = \{x_1, x_2, ..., x_n\}$ のように要素を列挙して集合を定義したい時，$partition(X, \{x_1\}, \{x_2\}, ..., \{x_n\})$ と書くことが多い．なお，$x_1 \in X \land x_2 \in X \land ... \land x_n \in X$ のように書くと，各要素が異なることを $x_1 \neq x_2 \land ...$ のように別途明示する必要があるので，注意しなければならない．

### 5.3.3 リファインメント戦略

リファインメントを使って，センサ，コントローラ，アクチュエータの順に記述を加えた．図 5.5 に示すように，各モデルは抽象機械とコンテキストから構成され，モデル 2 はモデル 1 の詳細化，モデル 3 はモデル 2 の詳細化である．

1. モデル 1：センサをモデル化
   machine1 では，センサ周期の間に起こり得る範囲で車速の測定値を変化させる

2. モデル 2：コントローラをモデル化
   machine2 では，車速と乗員の操作に基づいてコントローラの指示を変化させる

3. モデル 3：アクチュエータをモデル化

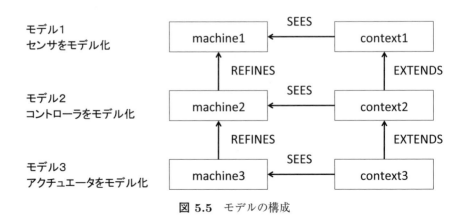

図 5.5 モデルの構成

machine3では，コントローラの指示に基づいて，アクチュエータの動作状態を変化させる

### 5.3.4　モデル1

モデル1では，センサが測定する車速と，その変化をモデル化する．車速の変化はシステム外部の要因によって起こるので，許容される範囲内の変化値が非決定的に選ばれるものとして表現した．車速は，変数 $s\_v$ に記録する．この変数は，コントローラが参照する．

また，モデル1でセンサ，コントローラ，アクチュエータの活性化順序を規定する．ただし，この段階ではコントローラ・イベントとアクチュエータ・イベントは仮のものであり，リファインメントによって順次機能を加える．

センサの機能を表すイベントは，次のように表せる．

$\text{sensor} \;\hat{=}\;$
**any**
　　$dv$
**where**
　　$\text{grd1} : phase = sns$
　　$\text{grd2} : dv \in \mathbb{Z}$
　　$\text{grd3} : dv \leq s\_dv$
　　$\text{grd4} : -s\_dv \leq dv$
　　$\text{grd5} : -s\_v \leq dv$
**then**
　　$\text{act1} : s\_v := s\_v + dv$
　　$\text{act2} : phase := cnt$
**end**

このイベントは，$phase$ が $sns$ の時に起こることができ，車速 $s\_v$ を $dv$ だけ変化させて，$phase$ を $cnt$ に変える．ここで，車速の変化 $dv$ は，$-s\_dv$（減速）から $s\_dv$（加速）の間の値である．ただし，車速が負にならないよう（$s\_v$ は0以上としたことを思い出してほしい[*2]），$dv$ は $-s\_v$ より大きいとする．これらの条件を満たす $dv$ の値が必ず存在する，すなわち $phase$ が $sns$ であればこのイベントが起こり得ることに注意してほしい．

[*2] バックする場合は，いったん車速が0になってから逆方向に加速するとする．

### 5.3.5 モデル2

モデル2は，コントローラをモデル化する．コントローラはアクチュエータにドアロック／アンロックを指示するが，前述のように，モデル上ではこれを変数 $c\_mode$ の値で表現する．コントローラの機能を表すイベントは，次のものである．

- controller_lockmode：アクチュエータへのドアロック指示を維持する
- controller_unlockmode：アクチュエータへのドアアンロック指示を維持する
- a_lock：車速増加によるドアロックをアクチュエータに指示する
- m_lock：乗員の操作によるドアロックをアクチュエータに指示する
- m_unlock：乗員の操作によるドアアンロックをアクチュエータに指示する

コントローラは，センサ値 $s\_v$ が $c\_high$ 以上であるとき，以下を行う．

- まだドアロックを指示していなければ，イベント a_lock または m_lock によってドアロックを指示する
- ドアロックを指示していれば，イベント controller_lockmode によってドアロック指示を維持する

自動車が最大加速しているときのコントローラ指示と車速センサ値の関係を，図 5.6 に示す．センサは一定周期で車速を計測するので，車速が $c\_high$ を超えた直後に計測が行われるとは限らないが，$c\_high + s\_dv$ に達する前には必ず計測が行われる．したがって，コントローラはドアロックを指示するセンサ値は $c\_high$ から $c\_high + s\_dv$ の間であり，センサ値が $c\_high + s\_dv$ 以上のときには必ずドアロックを指示しているはずである．

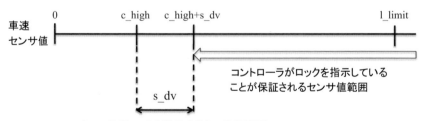

図 5.6　最大加速時のコントローラ指示と車速センサ値

モデル 2 では，コントローラの指示が上記の意図通りであることを，次の不変条件を検証することで確認する．

$$c\_high + s\_dv \leq s\_v \Rightarrow c\_mode = c\_lock$$

検証によって，最大加速時に限らず車速がどのように変化しても，この性質が成り立つことを示すことができる．また，このことから，次の関係を満たすよう $l\_limit$ と $c\_high$ を設定すれば，$s\_v$ が $l\_limit$ 以上である時にコントローラがドアロックを指示していることが保証できる．

$$c\_high + s\_dv \leq l\_limit$$

### 5.3.6 モデル 3

モデル 3 は，アクチュエータをモデル化する．アクチュエータはコントローラからのドアロック／アンロック指示により，ドアロック／アンロック動作を行う．モデル 3 では，アクチュエータの動作状態は次の 4 つである．

- $a\_unlocked$：ドアのアンロックが完了した状態
- $a\_unlocking$：アンロック動作を実行中の状態
- $a\_locked$：ドアのロックが完了した状態
- $a\_locking$：ロック動作を実行中の状態

モデル上では，変数 $a\_mode$ がこれらの値をとることで，アクチュエータの動作状態を表現する．

アクチュエータの機能を表すイベントは，次のものである．

- `actuator_lockmode`：ロック完了状態を維持する
- `actuator_unlockmode`：アンロック完了状態を維持する
- `start_locking` ロック動作を開始する
- `locking` ロック動作を実行中
- `locked` ロックを完了する
- `start_unlocking`：アンロック動作を開始する
- `unlocking`：アンロック動作を実行中
- `unlocked` アンロックを完了する

アクチュエータはコントローラの指示を受けて，ドアロック動作を開始す

第 5 章 事例 2：ドアロックシステム

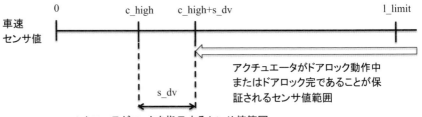

図 5.7　最大加速時のアクチュエータ状態と車速センサ値

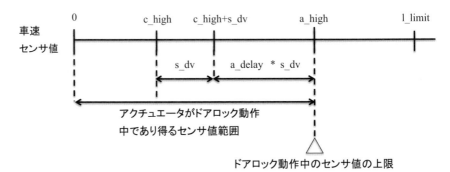

図 5.8　アクチュエータがロック動作中であり得る車速センサ値

る．図 5.6 に対応する，自動車が最大加速しているときのアクチュエータの状態と車速センサ値の関係を，図 5.7 に示す．コントローラの指示によるアクチュエータの状態変化の結果が保証できるのは，アクチュエータの状態が変わった次の周期で計測されたセンサ値からであることに留意してほしい．

車速がどのように変化しても，センサ値が $c\_high + s\_dv$ 以上であればアクチュエータの状態がロック動作中あるいはロックを完了していることの確認は，次の不変条件が満たされることの検証によって行うことができる．

$$c\_high + s\_dv \leq s\_v \Rightarrow (a\_mode = a\_locking \lor a\_mode = a\_locked)$$

アクチュエータは，ドアロックまたはアンロックを開始してから動作を完了するまで，センサ周期 $a\_delay$ の時間がかかる．この間に車速は最大で $a\_delay \times s\_dv$ 変化するので，アクチュエータは最大で車速センサ値が $c\_high + s\_dv + a\_delay \times s\_dv$ になるまでドアロック動作を行う．このようすを，図 5.8 に示す．

この性質が，車速がどのように変化しても成り立つことは，モデル 3 で次

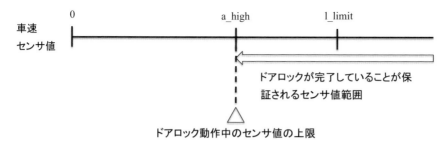

図 5.9　ドアロックが完了していることが保証できる車速センサ値

の不変条件を検証することで確認できる．

$$a\_mode = a\_locking \Rightarrow s\_v < a\_high$$

ここで，$a\_high$ は次の定数．

$$a\_high = c\_high + s\_dv + a\_delay \times s\_dv$$

　図 5.7 と図 5.8 からも分かるように，センサ値が $a\_high$ 以上の時はアクチュエータがロック動作を完了し，ドアがロックされた状態であることが言えるはずである．モデル上では，このことは次の不変条件を検証することで確認できる．

$$a\_high \leq s\_v \Rightarrow a\_mode = a\_locked$$

したがって，次の関係を満たすよう $l\_limit$ と $a\_high$ を設定すれば，$s\_v$ が $l\_limit$ 以上である時にアクチュエータによるドアロック動作が完了していることが保証できる．

$$a\_high \leq l\_limit$$

この関係を，図 5.9 に示す．

## 5.4　仕様記述と検証

### 5.4.1　モデル 1：センサのモデル化

モデル 1 では，センサをモデル化する．また，センサ，コントローラ，ア

# 第 5 章 事例 2：ドアロックシステム

クチュエータの同期も，モデル 1 で記述する．

**キャリア・セットと定数**　モデル 1 のコンテクストでは，センサ，コントローラ，アクチュエータを同期させる定数と，センサ周期内の車速変化の最大値を表す定数 $s\_v$ を宣言する．

**SETS**
　　$PHASE$
**CONSTANTS**
　　$sns$
　　$cnt$
　　$act$
　　$s\_dv$
**AXIOMS**
　　axm1 : $partition(PHASE, \{sns\}, \{cnt\}, \{act\})$
　　axm2 : $s\_dv \in \mathbb{N}_1$
**END**

**変数**　モデル 1 の抽象機械では，センサ，コントローラ，アクチュエータのいずれが活性化されているかを表す変数 $phase$ と，車速を表す変数 $s\_v$ を導入する．

**VARIABLES**
　　$phase$
　　$s\_v$
**INVARIANTS**
　　inv1 : $phase \in PHASE$
　　inv2 : $s\_v \in \mathbb{N}$

Initialization $\triangleq$
**begin**
　　act1 : $phase := sns$
　　act2 : $s\_v := 0$
**end**

**イベント**　イベント sensor は，センサが活性化された時に車速 $s\_v$ を変化させ，次にコントローラを活性化する．

　　sensor $\triangleq$
　　**any**
　　　　$dv$

where
 grd1 : $phase = sns$
 grd2 : $dv \in \mathbb{Z}$
 grd3 : $dv \leq s\_dv$
 grd4 : $-s\_dv \leq dv$
 grd5 : $-s\_v \leq dv$
then
 act1 : $s\_v := s\_v + dv$
 act2 : $phase := cnt$
end

イベント controller にはコントローラが活性化された時の振る舞いを記述するが，モデル1の段階では何もせず，次にアクチュエータを活性化する．

controller $\triangleq$
where
 grd1 : $phase = cnt$
then
 act1 : $phase := act$
end

イベント actuator にはアクチュエータが活性化された時の振る舞いを記述するが，モデル1の段階では何もせず，次にセンサを活性化する．

actuator $\triangleq$
where
 grd1 : $phase = act$
then
 act1 : $phase := sns$
end

## 5.4.2　モデル2：コントローラのモデル化

モデル2では，コントローラの振る舞いをモデル化する．このモデルでは，コントローラの動作を規定する次の定数を導入する．

- コントローラが乗員のドアアンロック操作を受け付ける上限のセンサ値 $c\_low$
- コントローラがドアロックを指示するセンサ値 $c\_high$
- ドアがロックされていることを保証する下限のセンサ値 $l\_limit$

また，コントローラがアクチュエータに出す指示を表す次の定数を導入する．

- ドアアンロック指示 $c\_unlock$
- ドアロック指示 $c\_lock$

コントローラからアクチュエータへの指示を格納する変数 $c\_mode$ に対して，コントローラは

$$c\_high + s\_dv \leq s\_v \Rightarrow c\_mode = c\_lock$$

が常に成り立つよう振る舞うことを検証する．これは，センサ，コントローラ，アクチュエータのいずれが活性化される場合にも上記の式が不変条件として成り立つことを示し，それらから上記の式を定理として証明する．これらの不変条件は，次の通り．

1. センサが活性化されるとき

    $phase = sns \land c\_high \leq s\_v \Rightarrow c\_mode = c\_lock$

2. コントローラが活性化されるとき

    $phase = cnt \land c\_high + s\_dv \leq s\_v \Rightarrow c\_mode = c\_lock$

3. アクチュエータが活性化されるとき

    $phase = act \land c\_high \leq s\_v \Rightarrow c\_mode = c\_lock$

コントローラが活性化されるときだけ $s\_dv$ ずれるのは，コントローラは活性化された後にロックを指示するので，コントローラ活性化時に $c\_mode = c\_lock$ であることを保証できるのは，次の周期で計測したセンサ値からであることによる．このずれが反映されて，システム全体でも $c\_high + s\_dv \leq s\_v$ が前提となる．

**キャリア・セットと定数** モデル2で導入する上記の定数は，モデル1のコンテキストを拡張したコンテキストの中で，次のように記述する．

**SETS**
  $C\_MODE$
**CONSTANTS**
  $c\_low$
  $c\_high$
  $l\_limit$
  $c\_unlock$

  $c\_lock$
**AXIOMS**
  axm1 : $c\_low \in \mathbb{N}_1$
  axm2 : $c\_high \in \mathbb{N}_1$
  axm3 : $c\_low < c\_high$
  axm4 : $l\_limit \in \mathbb{N}_1$
  axm5 : $c\_high + s\_dv \le l\_limit$
  axm6 : $partition(C\_MODE, \{c\_unlock\}, \{c\_lock\})$
  thm1 : $c\_low < l\_limit$
**END**

**変数** 変数 $c\_mode$ は，モデル1の抽象機械をリファインした抽象機械の中で，次のように導入する．

  **VARIABLES**
   $phase$
   $s\_v$
   $c\_mode$
  **INVARIANTS**
   inv1 : $c\_mode \in C\_MODE$
   inv2 : $phase = sns \land c\_high \le s\_v \Rightarrow c\_mode = c\_lock$
   inv3 : $phase = cnt \land c\_high + s\_dv \le s\_v \Rightarrow c\_mode = c\_lock$
   inv4 : $phase = act \land c\_high \le s\_v \Rightarrow c\_mode = c\_lock$
   thm1 : $c\_high + s\_dv \le s\_v \Rightarrow c\_mode = c\_lock$
   thm2 : $l\_limit \le s\_v \Rightarrow c\_mode = c\_lock$

Initialization $\triangleq$
**begin**
  act1 : $phase := sns$
  act2 : $s\_v := 0$
  act3 : $c\_mode := c\_unlock$
**end**

**イベント** コントローラは，$c\_mode$ と $s\_v$ の値によって，次のいずれかの振る舞いをする．

 アクチュエータへのドアロック指示を維持する．

controller_lockmode $\triangleq$
**refines** controller
**where**
  grd1 : $phase = cnt$

$\quad\quad$ grd2 $: c\_mode = c\_lock$
**then**
$\quad\quad$ act1 $: phase := act$
**end**

アクチュエータへのドアアンロック指示を維持する.

controller_unlockmode $\overset{\triangle}{=}$
**refines** *controller*
**where**
$\quad\quad$ grd1 $: phase = cnt$
$\quad\quad$ grd2 $: c\_mode = c\_unlock$
$\quad\quad$ grd3 $: s\_v < c\_high$
**then**
$\quad\quad$ act1 $: phase := act$
**end**

車速増加によるドアロックをアクチュエータに指示する.

a_lock $\overset{\triangle}{=}$
**refines** *controller*
**where**
$\quad\quad$ grd1 $: phase = cnt$
$\quad\quad$ grd2 $: c\_high \leq s\_v$
$\quad\quad$ grd3 $: c\_mode = c\_unlock$
**then**
$\quad\quad$ act1 $: phase := act$
$\quad\quad$ act2 $: c\_mode := c\_lock$
**end**

乗員の操作によるドアロックをアクチュエータに指示する.

m_lock $\overset{\triangle}{=}$
**refines** *controller*
**where**
$\quad\quad$ grd1 $: phase = cnt$
$\quad\quad$ grd2 $: c\_mode = c\_unlock$
**then**
$\quad\quad$ act1 $: phase := act$
$\quad\quad$ act2 $: c\_mode := c\_lock$
**end**

乗員の操作によるドアアンロックをアクチュエータに指示する.

m_unlock ≜
**refines** *controller*
**where**
 grd1 : $phase = cnt$
 grd2 : $s\_v \leq c\_low$
 grd2 : $c\_mode = c\_lock$
**then**
 act1 : $phase := act$
 act2 : $c\_mode := c\_unlock$
**end**

モデル2はコントローラの振る舞いのみを詳細化し，モデル1のセンサとアクチュエータに関わるイベント sensor と actuator は変更しない．

### 5.4.3 モデル3：アクチュエータのモデル化

モデル3では，アクチュエータの振る舞いをモデル化する．このモデルでは，アクチュエータの動作に関わる次の定数を導入する．

- センサ周期を単位とするアクチュエータの動作時間 $a\_delay$
- アクチュエータがドアロック動作中であり得るセンサ値の上限 $a\_high$

また，アクチュエータの動作状態を表す次の定数を導入する．

- ドアのアンロックが完了した状態 $a\_unlocked$
- アンロック動作を実行中の状態 $a\_unlocking$
- ドアのロックが完了した状態 $a\_locked$
- ロック動作を実行中の状態 $a\_locking$

アクチュエータの動作状態を格納する変数 $a\_mode$ に対して，まず

$$c\_high + s\_dv \leq s\_v \Rightarrow (a\_mode = a\_locking \lor a\_mode = a\_locked)$$

であることを検証する．これは，センサ，コントローラ，アクチュエータのいずれが活性化される場合にも上記の式が不変条件として成り立つことを個々に示し，それらから定理として証明する．これらの不変条件は，次の通り．

1. センサが活性化されるとき
 $phase = sns \land c\_high \leq s\_v$

$\Rightarrow (a\_mode = a\_locking \lor a\_mode = a\_locked)$

2. コントローラが活性化されるとき

   $phase = cnt \land c\_high + s\_dv \leq s\_v$
   $\Rightarrow (a\_mode = a\_locking \lor a\_mode = a\_locked)$

3. アクチュエータが活性化されるとき

   $phase = act \land c\_high + s\_dv \leq s\_v$
   $\Rightarrow (a\_mode = a\_locking \lor a\_mode = a\_locked)$

コントローラとアクチュエータが活性化されるときに $s\_dv$ ずれるのは，$a\_mode = a\_locking \lor a\_mode = a\_locked$ であることを保証できるのは，図 5.7 のようにコントローラの指示によりアクチュエータの状態が変わった次の周期で計測したセンサ値からであることによる．

次に，

$$a\_mode = a\_locking \Rightarrow s\_v < a\_high$$

を検証する．ここで，

$$a\_high = c\_high + a\_delay \times s\_dv + s\_dv$$

これは，下記の不変条件が成り立つことを示し，次にそれらから定理として証明する．

1. センサが活性化されるとき

   $phase = sns \land a\_mode = a\_locking$
   $\Rightarrow s\_v < c\_high + a\_dlock \times s\_dv$

2. コントローラが活性化されるとき

   $phase = cnt \land a\_mode = a\_locking$
   $\Rightarrow s\_v < c\_high + a\_dlock \times s\_dv + s\_dv$

3. アクチュエータが活性化されるとき

   $phase = act \land a\_mode = a\_locking$
   $\Rightarrow s\_v < c\_high + a\_dlock \times s\_dv + s\_dv$

ただし，$a\_dlock$ はアクチュエータの動作時間のカウンタであり，$a\_dlock \leq a\_delay$．

上記の式から，

$$a\_high \leq s\_v \Rightarrow a\_mode = a\_locked$$

を定理として証明できる．

**キャリア・セットと定数**　モデル3で導入する上記の定数は，モデル2のコンテクストを拡張したコンテクストの中で，次のように記述する．

**SETS**
　　$A\_MODE$
**CONSTANTS**
　　$a\_unlocked$
　　$a\_unlocking$
　　$a\_locking$
　　$a\_locked$
　　$a\_high$
　　$a\_delay$
**AXIOMS**
　　axm1 : $partition(A\_MODE,$
　　　　$\{a\_unlocked\}, \{a\_unlocking\}, \{a\_locking\}, \{a\_locked\})$
　　axm2 : $a\_high \in \mathbb{N}_1$
　　axm3 : $a\_delay \in \mathbb{N}_1$
　　axm4 : $a\_high = c\_high + a\_delay * s\_dv + s\_dv$
　　axm5 : $a\_high \leq l\_limit$
　　thm1 : $c\_high < a\_high$
**END**

**変数**　モデル3の抽象機械は，モデル2の抽象機械をリファインし，次の3つの変数を導入する．

- アクチュエータの動作状態 $a\_mode$
- アクチュエータがドアロックを開始してからの時間（センサ周期数）
  $a\_dlock$
- アクチュエータがドアアンロックを開始してからの時間（センサ周期数）
  $a\_dunlock$

**VARIABLES**
　　$phase$
　　$s\_v$

# 第 5 章 事例 2：ドアロックシステム

$\qquad c\_mode$
$\qquad a\_mode$
$\qquad a\_dlock$
$\qquad a\_dunlock$

**INVARIANTS**

$\qquad$ inv1 $: a\_mode \in A\_MODE$
$\qquad$ inv2 $: a\_dlock \in \mathbb{N}$
$\qquad$ inv3 $: a\_dlock \leq a\_delay$
$\qquad$ inv4 $: a\_dunlock \in \mathbb{N}$
$\qquad$ inv5 $: a\_dunlock \leq a\_delay$
$\qquad$ inv6 $: phase = sns \wedge c\_high \leq s\_v$
$\qquad\qquad \Rightarrow (a\_mode = a\_locking \vee a\_mode = a\_locked)$
$\qquad$ inv7 $: phase = cnt \wedge c\_high + s\_dv \leq s\_v$
$\qquad\qquad \Rightarrow (a\_mode = a\_locking \vee a\_mode = a\_locked)$
$\qquad$ inv8 $: phase = act \wedge c\_high + s\_dv \leq s\_v$
$\qquad\qquad \Rightarrow (a\_mode = a\_locking \vee a\_mode = a\_locked)$
$\qquad$ thm1 $: c\_high + s\_dv \leq s\_v \Rightarrow (a\_mode = a\_locking \vee a\_mode = a\_locked)$
$\qquad$ inv9 $: phase = sns \wedge a\_mode = a\_locking \Rightarrow s\_v < c\_high + a\_dlock * s\_dv$
$\qquad$ inv10 $: phase = cnt \wedge a\_mode = a\_locking$
$\qquad\qquad \Rightarrow s\_v < c\_high + a\_dlock * s\_dv + s\_dv$
$\qquad$ inv11 $: phase = act \wedge a\_mode = a\_locking$
$\qquad\qquad \Rightarrow s\_v < c\_high + a\_dlock * s\_dv + s\_dv$
$\qquad$ thm2 $: a\_mode = a\_locking \Rightarrow s\_v < a\_high$
$\qquad$ thm3 $: a\_high \leq s\_v \Rightarrow a\_mode = a\_locked$
$\qquad$ thm4 $: l\_limit \leq s\_v \Rightarrow a\_mode = a\_locked$

Initialization $\stackrel{\triangle}{=}$

**begin**

$\qquad$ act1 $: phase := sns$
$\qquad$ act2 $: s\_v := 0$
$\qquad$ act3 $: c\_mode := c\_unlock$
$\qquad$ act4 $: a\_mode := a\_unlocked$
$\qquad$ act5 $: a\_dlock := a\_delay$
$\qquad$ act6 $: a\_dunlock := a\_delay$

**end**

**イベント** アクチュエータは，$c\_mode$ と $a\_mode$ の値によって，次のいずれかの振る舞いをする．なお，アクチュエータは車速 ($s\_v$) を参照せず，コントローラの指示に基づいて動作する．

ロック完了状態を維持する．

actuator_lockmode ≜
**refines** *actuator*
**where**
    grd1 : $phase = act$
    grd2 : $c\_mode = c\_lock$
    grd3 : $a\_mode = a\_locked$
**then**
    act1 : $phase := sns$
**end**

アンロック完了状態を維持する．

actuator_unlockmode ≜
**refines** *actuator*
**where**
    grd1 : $phase = act$
    grd2 : $c\_mode = c\_unlock$
    grd3 : $a\_mode = a\_unlocked$
**then**
    act1 : $phase := sns$
**end**

ロック動作を開始する．

start_locking ≜
**refines** *actuator*
**where**
    grd1 : $phase = act$
    grd2 : $c\_mode = c\_lock$
    grd3 : $a\_mode = a\_unlocking \vee a\_mode = a\_unlocked$
**then**
    act1 : $phase := sns$
    act2 : $a\_mode := a\_locking$
    act3 : $a\_dlock := 1$
**end**

ロック動作を継続する．

locking ≜
**refines** *actuator*
**where**
    grd1 : $phase = act$
    grd2 : $c\_mode = c\_lock$

## 第 5 章　事例 2：ドアロックシステム

  grd3 : $a\_mode = a\_locking$
  grd4 : $a\_dlock < a\_delay$
**then**
  act1 : $phase := sns$
  act2 : $a\_dlock := a\_dlock + 1$
**end**

ロックを完了する．

locked $\triangleq$
**refines** $actuator$
**where**
  grd1 : $phase = act$
  grd2 : $c\_mode = c\_lock$
  grd3 : $a\_mode = a\_locking$
  grd4 : $a\_dlock = a\_delay$
**then**
  act1 : $phase := sns$
  act2 : $a\_mode := a\_locked$
**end**

アンロック動作を開始する．

start\_unlocking $\triangleq$
**refines** $actuator$
**where**
  grd1 : $phase = act$
  grd2 : $c\_mode = c\_unlock$
  grd3 : $a\_mode = a\_locking \lor a\_mode = a\_locked$
**then**
  act1 : $phase := sns$
  act2 : $a\_mode := a\_unlocking$
  act3 : $a\_dlock := 1$
**end**

アンロック動作を維持する．

unlocking $\triangleq$
**refines** $actuator$
**where**
  grd1 : $phase = act$
  grd2 : $c\_mode = c\_unlock$
  grd3 : $a\_mode = a\_unlocking$

        grd4 : $a\_dunlock < a\_delay$
    **then**
        act1 : $phase := sns$
        act2 : $a\_dunlock := a\_dunlock + 1$
    **end**

アンロックを完了する．

unlocked $\triangleq$
**refines** *actuator*
**where**
    grd1 : $phase = act$
    grd2 : $c\_mode = c\_unlock$
    grd3 : $a\_mode = a\_unlocking$
    grd4 : $a\_dunlock = a\_delay$
**then**
    act1 : $phase := sns$
    act2 : $a\_mode := a\_unlocked$
**end**

モデル3はアクチュエータの振る舞いのみを詳細化し，モデル2のセンサとコントローラに関わるイベントは変更しない．

## 5.5 まとめ

作成したEvent-Bモデルの行数と検証した証明条件の数を表に示す．各モデルは，コンテクストとマシンからなる．ここで，詳細化後のコンテクストとマシンについては，詳細化前のコンテクストとマシンに追記した行数のみを示した．また，自動証明数はツールによって自動検証された証明条件の数を表し，対話証明数は対話的に検証した証明条件の数を表す．

| モデル | 行数 | 証明条件の数 | 自動証明数 | 対話証明数 |
|---|---|---|---|---|
| モデル1 | 36 | 2 | 2 | 0 |
| モデル2 | 46 | 27 | 22 | 5 |
| モデル3 | 83 | 107 | 97 | 10 |
| 合計 | 165 | 136 | 121 | 15 |

合計で90%弱の証明条件が自動検証できたことがわかる．

## 参考文献

1) S.Hudon and T.S. Hoang:Development of Control Systems Guided by Models of their Environment, Proc. B 2011 Workshop, Electronic Notes in Theoretical Computer Science, Vol.280, pp.57–67, 2011.

2) W.Su, J.-R.Abrial and H.Zhu:Complementary Methodologies for Developing Hybrid Systems with Event-B, Proc. ICFEM 2012, LNCS 7635, pp.230–284, 2012.

# 第6章
## 発展的な話題

## 6.1 振る舞いの検査

### 6.1.1 イベントの実行列

複数イベントの実行列が関係する振る舞い仕様ならびにロジック・モデル検査の方法を紹介する．

■ 振る舞い仕様

Event-B のイベントは対象の機能仕様を表現する基本要素である．ガード条件を満たした時に「発火」し，アクション実行結果が満たす状態に「遷移」する．機能仕様の正しさは，基本的な証明条件によって，事後状態の存在 (FIS) や不変条件の保存 (INV) を確認した．一方，イベント群が繰り返し発火する場合，期待通りのイベント実行列を生じるか，あるいは意図通りの状態に達するかという到達性を調べたいことがある．このような性質には，本質的に，複数イベントが関わる．一方，Event-B の基本的な証明条件は，1 つのイベントに着目した性質の確認を目的としている．新たな方法が必要である．

Event-B イベントは並行実行の単位である．一般に，並行システムでは，外部から見たシステムの挙動を表す振る舞い仕様 (Behavioral Specification) に着目することが多い．内部状態の細かな値変化を捨象し，外部に見える事象の時系列的な変化に注目する．状態遷移システムの考え方で表現し，その状態遷移列を追跡する．Event-B のイベントは，概念的には，対象の系で起こる抽象的な「何か」を具体的な計算の単位として表現したもの．イベントは状態遷移ひとつに対応し，複数イベントの実行列を振る舞い仕様で特徴付けることができる．以下，具体例を用いて，Event-B の振る舞い仕様を考える．

■ ファイル転送プロトコルの例

教科書[4]の第 4 章に説明されているファイル転送プロトコルを紹介する．ファイルを分割して転送する分散システムの例である．教科書の第 4.7.2 項では，リファインメント技法を用いて，段階的に仕様を作成している．以下では，リファインメントを用いない「フラットな」仕様を示す．最初に 2 つの定数を準備する．定数 $f$ は送信側のファイルを，$n$ は分割数を各々表す．

## 6.1 振る舞いの検査

**AXIOMS**
 axm1 : $n \in \mathbb{N}$
 axm2 : $0 < n$
 axm3 : $f \in 1..n \to D$

初期化に加えて，send/receive/final の 3 つのイベントで機能仕様を表現する．変数 $s$ は送信側でファイル中の転送箇所データのインデックスを表し，転送データは変数 $d$ で一時的に保持する．変数 $g$ は受信したデータを格納する領域，変数 $r$ は $g$ に対するインデックスである．変数 $d$ の値は初期状態では不定なので，任意の値を設定するようにした．

**Initialisation**
 **begin**
  act1 : $s := 1$
  act2 : $r := 1$
  act3 : $d :\in D$
  act4 : $g := \varnothing$
 **end**

send は，インデックス $s$ のデータが未転送 ($s = r$) であって全データの転送が完了していない ($r \neq n+1$) 時，$s$ が指し示すデータを転送する ($d := f(s)$) と共に s を更新する ($s := s+1$)．

**Event**   $send \;\hat{=}$
**Status** convergent
 **when**
  grd1 : $s = r$
  grd2 : $r \neq n+1$
 **then**
  act1 : $d := f(s)$
  act2 : $s := s+1$
 **end**

receive は，転送データが存在する ($s = r+1$) 時，変数 $d$ を受け取り自身の領域 $g$ に追加 ($g := g \cup \{r \mapsto d\}$) する．同時に，$r$ を更新し ($r := r+1$) 次のデータを待つ．

**Event**   $receive \;\hat{=}$
**Status** convergent
 **when**
  grd1 : $s = r+1$
 **then**

## 第 6 章　発展的な話題

$$\text{act1} : g := g \cup \{r \mapsto d\}$$
$$\text{act2} : r := r + 1$$
  **end**

final は，ファイル転送が完了した $(r = n + 1)$ 時に発火する．アクションの記述 $(r := r)$ は skip に対応する．

 **Event** *final* $\hat{=}$
  **when**
   $\text{grd1} : r = n + 1$
  **then**
   $\text{act1} : r := r$
  **end**

この Event-B 記述をもとにイベントをエッジとする状態遷移ダイアグラムで書き表す．send イベントを Snd，receive を Rcv，final を Trm と表記した．また，状態を変数 $s$ と $r$ の組 $(\langle s, r \rangle)$ としている．図 6.1 は，3 つの Event-B イベントの関係を把握しやすい．Snd と Rcv を繰り返した後，終了イベント Trm を実行していることがわかる．

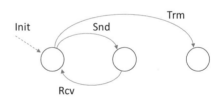

**図 6.1**　ファイル転送プロトコルの振る舞い

■　**証明条件 VAR の利用**

 Event-B 記述の整合性に関わる基本的な性質は，証明条件 FIS や INV が成り立つことを確認すれば良い．一方，振る舞いの観点からは，図 6.1 からわかるように，将来のある時点でイベント final が実行されることを確認したい．

 そこで，変量 (Variants) と証明条件 VAR を活用する．具体的には，send と receive のイベント属性を，収束 (Convergent) とする．また，変量として，$V \equiv 2 * (n + 1) - (s + r)$ を導入した．たしかに，send あるいは receive の実行前後で $V$ が減少する．生成された証明条件 VAR が成り立つということは，

send と receive の繰り返しがある時点で終わること，つまり，無限に続かないことを示す．

ここで，イベント final は状態 ($\langle s, r \rangle$) を変更しないので，無限に final が実行される．したがって，時相論理式 $\square \diamond Trm$ が成り立つと期待できる．これを証明するには，まず，final のガード条件 $r = n+1$ が満たされない時にデッドロック・フリーであることを確認する．不変条件に定理 (Theorem) として，以下を追加定義する（図 6.2 参照）．

$$\neg (r = n+1) \Rightarrow ((s = r) \land (r \neq n+1)) \lor (s = r+1)$$

生成される証明条件 THM が成り立つので，$\neg (r = n+1)$ の時，デッドロックにならず，イベントが発火進行する．一方，先に確認した VAR の結果から，send と receive が無限に繰り返さないことがわかっている．したがって，もうひとつのイベント final が発火可能になるといって良い．つまり，時相論理式 $\square \diamond Trm$ が成り立つ．

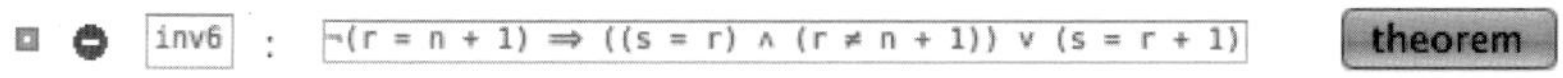

図 6.2 デッドロック・フリーの条件

## 第6章 発展的な話題

### ✎ リファインメントによる機能仕様の検証

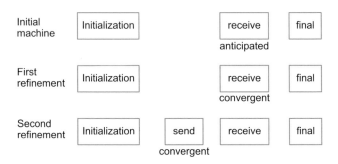

**図 6.3** リファインメント・ステップ

教科書[4]の第4章では，ファイル転送プロトコルの機能仕様をリファインメントによって検証する方法を紹介している．図6.3にリファインメント・ステップを図示した．

初期マシンは，「神様視点」の集中系からの記述を与えるもので，イベント receive と final からなる．ファイル転送の仕組み（処理手順）を表すのではなく，ファイル転送中および転送完了という状態を宣言的に表現した．初期マシンならびに第1のリファインメントは集中系としての記述であり，第2のリファインメントで分散系の特徴を導入する．本文で示したフラットな記述の例は，この第2のリファインメントまでを一括して表したものに相当する．以下，初期マシンのイベント定義を示す．

final イベントは転送完了状況を表す．

**Event** *final* ≙
 **when**
  grd1 : $g = f$
 **then**
  act1 : $g := g$
 **end**

receive イベントは，転送が完了していない状態（$g \neq f$）を表す．アクションの記述は領域 g に「何か」が格納されていることを示すだけである．

**Event** *receive* ≙
**Status** anticipated
 **when**
  grd1 : $g \neq f$
 **then**
  act1 : $g :\in \mathbb{N} \leftrightarrow D$

6.1 振る舞いの検査

end

receive イベントの属性が，Anticipated になっていることに注意してほしい．

### 収束イベント

Event-B では，変量 (Variants) を導入することで，特定イベントが無限に発火する状況にならないことを証明条件 VAR で確認できる．このような無限発火しないイベントを「収束する」(Converge) という．証明条件 VAR は，与えられた変量が下に有界な減少列になることであり，これが成り立つことによって，収束することがわかる．ところが，イベントの記述が抽象的であって，この条件を示せないことがある．このような場合，変量は増加しないという弱めた条件を検査し，その後に続くリファインメントによって証明条件 VAR を確認すれば良いだろう．このようなイベントを「後回し (Anticipated)」という．

以上の性質は，定義時に，イベント属性として指定する．デフォルトは，上記のいずれでもない通常イベント (Ordinary) である．「コラム：リファインメントによる機能仕様の検証」の記述例では，初期マシンの receive イベントを「後回し」と指定した．第1のリファインメントで，イベント属性を収束とし証明条件 VAR を確認している（図 6.3 参照）．

### 演繹的な証明の方法

いくつかの時相的な性質は，Event-B の基本的な証明条件を組み合わせることで形式検証できる．T.S. Hoang&J.-R. Abrial[1] は，3つのパターン，$\Box\Diamond p$ (Existence)，$\Box(p \Rightarrow \Diamond q)$ (LeadsTo)，$\Diamond\Box p$ (Persistence) について，Event-B の記述の工夫と RODIN ツールを活用した検証方法を紹介した．

基本的なアイデアは，到達性に関わる性質 DLKF，VAR を組み合わせる．たとえば，$\Box\Diamond p$ は，$\neg p$ が収束し，かつ，$\neg p$ がデッドロックフリーなことを示せば良い．無限列の場合，$\neg p$ 状態が収束すれば，$p$ 状態に遷移することがわかる．また，有限列の場合，$\neg p$ が終了状態になるかもしれない．$\neg p$ 状態がデッドロックフリーであれば必ず $p$ 状態への遷移が存在する．以上から，$\Box\Diamond p$ が成り立つことがわかる．

なお，本文のファイル転送プロトコルに対する $\Box\Diamond Trm$ の証明は，上記で説明した状態命題 $p$ を $(r = n + 1)$ とした場合の具体例になっている．

## 6.1.2 ロジック・モデル検査

一般に，状態遷移システムの振る舞い仕様を検査する方法として，ロジック・モデル検査を用いる自動検証法が知られている（たとえば[12]）．今，状態遷移システム[*1]を M とする時，アトミックな命題の集合 Prop に対して，

$$M = \langle S, R, L \rangle$$

であって，S は状態の有限集合，R は遷移関係を表す．ラベリング関数 L は各状態で成り立つ命題を割り当てる関数（$L : S \to \mathbb{P}\, \text{Prop}$）である．

振る舞い仕様を LTL の論理式 $\phi$ として表す時，モデル検査とは，有限の M に対して，

$$M \models \phi$$

が成り立つか否かを確認することである．ここで，$\models$ の関係が成り立つ時，M は論理式 $\phi$ を満たす具体例となり，「M が $\phi$ のモデルになる」と言う．

ファイル転送プロトコルの場合，状態 S は，$\{\, \langle s, r \rangle \mid s, r \in \mathcal{N} \,\}$ である．また，アトミックな命題の集合 Prop は，Event-B イベントが発火したことを表すもの (Snd, Rcv, Trm) に加えて，状態を定義する変数 s ならびに r からつくられる算術関係とする．ただし，命題であって，「変数」を含む述語ではないことに注意してほしい．

たとえば，LTL 検査式として以下がある．最初の式は成り立たない．

- □(s = r)：常に，s と r の値は等しい
- □(s ≤ n+1)：常に，s の値は定数 n+1 以下である
- □◇Trm：どの時点から見ても（つまり常に），将来のある時点で，Trm に対応する final イベントが実行される

モデル検査の基本的な方法は状態遷移システムが構築する状態空間の網羅的な探索である．状態空間が有限であれば探索処理は必ず終了する．したがって，有限の状態遷移システムに限って，モデル検査が可能になる．一方，ファイル転送プロトコルの例では，自然数 n が転送回数パラメータを記号的に表す．値を確定しないと，状態空間の大きさが決まらない．無限になるかもしれない．転送回数 n を具体値に決めることで，状態空間が有限となり，モデル検査法を用いることが可能になる．

今，パラメータ n の値を 3 に設定した場合を考える．この時，状態空間が確定し，状態遷移システムは図 6.4 のようになる．つまり，s ならびに r の値

[*1] 正確には Kripke 構造．

が異なる時，$\langle s, r \rangle$ は別の状態となる．$\langle 2, 1 \rangle$ のように値が確定している状態を基底状態と呼ぶ．

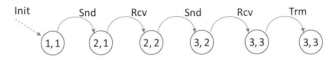

図 6.4 基底状態で展開した振る舞い

本章で考えている命題時相論理のモデル検査では，基底状態からなる状態空間を対象とする．各状態では，s ならびに r の値が確定しているので，(s = r) や (s ≤ n+1) といった式も真偽値が確定したアトミックな命題になる．一方，図 6.1 は，変数を表す記号 $s$ と $r$ を用いて状態 $\langle s, r \rangle$ を表現していた．このような状態遷移システムをモデル検査の対象にすることはできない．設計過程で用いるダイアグラム形式であって，拡張状態遷移マシンと呼ぶ．

---

### ✏️ 線型時相論理

線型時相論理（Linear Temporal Logic，LTL と略す）[*2] の構文と意味を以下に示す．

$$
\begin{aligned}
\phi :=\ & p && \text{アトミックな命題} \in Prop \\
 |\ & \neg \phi && \text{論理否定} \\
 |\ & \phi_1 \wedge \phi_2 && \text{論理積} \\
 |\ & \phi_1 \ U\ \phi_2 && \text{Until 演算子}
\end{aligned}
$$

標準の略記法がある．$false \equiv p \wedge \neg p$, $true \equiv \neg false$, $\phi_1 \vee \phi_2 \equiv \neg(\neg \phi_1 \wedge \neg \phi_2)$, $\phi_1 \Rightarrow \phi_2 \equiv \neg \phi_1 \vee \phi_2$．特に，時相的な性質を表す論理記号として，Eventually 演算子（$\Diamond \phi$），Globally 演算子（$\Box \phi$），Release 演算子（$\phi_1\ R\ \phi_2$）を，次のようにする．$\Diamond \phi \equiv true\ U\ \phi$, $\Box \phi \equiv \neg(\Diamond \neg \phi)$, $\phi_1\ R\ \phi_2 \equiv \neg(\neg \phi_1\ U\ \neg \phi_2)$．LTL の意味は，以下のように帰納的に定義された充足関係（$\models$）で与える．ここで，$s^j$（j=0,1,2,…）を状態とした．

$$
\begin{aligned}
s^j &\models p && \text{iff}\quad p \in L(s_j) \\
s^j &\models \neg \phi && \text{iff}\quad s^j \not\models \phi \\
s^j &\models s_1 \wedge \phi_2 && \text{iff}\quad s^j \models \phi_1,\ \text{and}\ s^j \models \phi_2 \\
s^j &\models \phi_1\ U\ \phi_2 && \text{iff}\quad s^k \models \phi_2\ \text{for some}\ k \geq j, \\
& && \quad\text{and}\ s^i \models \phi_1\ \text{for all}\ i\ (j \leq i < k)
\end{aligned}
$$

[*2] より正確には，命題線型時相論理（Propositional Linear Temporal Logic）．

> 状態遷移システム M が生成する状態の列 $(s^0, s^1, s^2, \ldots)$ を $\sigma$ とする．$\sigma$ の全体を $\mathcal{L}(M)$ と表す．つまり，$\mathcal{L}(M) = \{\sigma\}$ である．モデル検査の関係 $M \models \phi$ は，状態遷移システム M が時相論理式 $\phi$ を満たす実例（モデルと呼ぶ）になること．$\mathcal{L}(M)$ の全ての要素 $\sigma$ に対して，上記の充足関係が成り立つ．

## 6.1.3 振る舞い検査ツール ProB

Event-B で記述した仕様の振る舞い検査ツール ProB が，RODIN プラグインのひとつとして開発されている．ProB を用いると，RODIN で作成した Event-B 仕様を対象とした振る舞い解析が可能になる．ところが，一般には Event-B 仕様は有限性の条件を満たさない．あるいは，ファイル転送プロトコルの例のように，値が確定していない自然数パラメータ n を使って，一般性の高い仕様を書き表すこともできる．ProB によってモデル検査するには，有限の Event-B 仕様に制限しなければならず，仕様作成時に，有限の集合を用いる等の注意が必要となる．

ProB は，一般的な Event-B 仕様を検査するのに，過小近似の方法を前提とする．検査対象システムが構築する状態空間の大きさに影響するパラメータを，有限の値で置き換えることで検査を可能とする．たとえば，先のファイル転送プロトコルの例であれば，$n$ の値を具体的な自然数の値にする．このように過小近似を行うことから，ProB の検査対象は，もとの Event-B 記述と必ずしも同じではないことに注意してほしい．ProB の検査は，形式検証ではなく，振る舞い仕様の妥当性を確認する一手段である．Event-B 仕様の構築過程で，証明条件の形式検証に先立ち，機能確認の方法として用いる．

> **✎ ProB のインストール**
>
> RODIN ツールの Install New Software から標準の手順でインストールすれば良い．なお，ProB ポータルは以下の通り．
>
> http://www.stups.uni-duesseldorf.de/ProB/
>
> オンライン・マニュアル，記述例などが公開されている．ただし，ProB は Event-B 以外の形式仕様言語にも対応できるような振る舞い仕様解析ツールである[2]．Event-B/RODIN と直接関係しない情報も多いことに注意されたし．

## 6.1.4 ProB による解析例

ファイル転送プロトコルの例（先に紹介したフラット版）を ProB で解析してみる．

### ■ 仕様アニメーション

最初に，デフォルト設定の解析パラメータを用いて，仕様アニメーションを行う．具体的には以下の手順で RODIN ツール内で ProB を起動する．

1. マシンを右クリックし表示されたポップアップ・メニューから Start Animation / Model Checking を選択
2. 画面が切り替わり ProB パースペクティブを表示
3. Events ビューからエントリを選択し初期化
4. グリーンの三角印がついた発火可能な Event-B イベントをダブルクリック
5. 指定イベントの実行結果が，State ビューならびに History ビューに表示

次に，パラメータ n の値を 3 に設定して振る舞いを解析してみよう（図 6.4 参照）．まず最初に，ProB の一般的な環境設定を変更しておく．

1. RODIN ツールの環境設定（画面左上の Rodin Platform プルダウンメニューの Preferences エントリ）から ProB を選択
2. 以下が解析対象モデルの大きさに影響する主なパラメータ．

- MaxInt：デフォルト値は，3
- MinInt：デフォルト値は，-1
- 集合 D の大きさ (card(D))：デフォルト値は，2

これらのパラメータを適切な値に変更する．たとえば，MaxInt を 4 以上にしておく．さらに，コンテキストに，定義した定数 n の公理 (Axiom) として，(n = 3) を追加する．以上の準備を行った後，先ほどと同様に仕様アニメーションを実行すれば，図 6.4 の状態遷移システムを解析したことになる．

### ■ モデル検査

ProB は，仕様アニメーション（仕様実行）に加えて，モデル検査法による解析手段を提供する．Events ビューの上部に複数のボタン（図 6.5 参照）があり，これによって解析法を指定する．ボタンを左から順番に，主な機能を紹介する．なお，2～7 は，仕様アニメーション時の設定に関わる．

1. Checks：モデル検査法の指定

    Model Checking：状態空間の探索
    LTL Model Checking：ロジック・モデル検査
    Constraint Based Checking

2. ダブルクリック時の動作指定

3. ランダム・アニメーション実行のステップ指定

4. Filter：表示するイベントの状態を指定

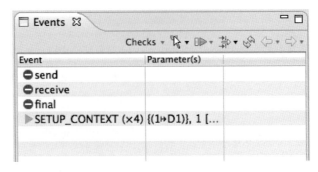

図 6.5　ProB の解析法指定ボタン

5. ランダム・アニメーションの再実行開始

6. アニメーション結果の履歴を戻る

7. アニメーション結果の履歴を進む

Checks から Model Checking を選択すると，新しいウィンドウが表示される．状態探索の過程で検査する観点を指定する．検査結果の詳細は，Details ボタンによって表示できる．

また，LTL 式で表した時相的な性質の検査を行うには，Checks から LTL Model Checking を選択する．新しいウィンドウが表示されるので，検査式を入力，LTL モデル検査を開始すれば良い．ただし，以下のように表記する．

命題（Event-B イベント e）　　[ e ]
命題（Event-B 式 b）　　　　　{ b }
Eventually 演算子（◇p）　　　　F p
Globally 演算子（□p）　　　　　G p

先の LTL 検査式は，各々，(G {(s = r)})，(G {(s≤n+1)})，(G (F [final]))，と書き表す．1 番目の LTL 式は成り立たない．LTL Counter-Example に反例 (counterexample) が表示される．

> ✎ **抽象化の利用**
>
> 　モデル検査は有力な自動検証の方法であるが，状態空間が広大になると探索効率が悪くなる，あるいは，解析対象が本質的に無限の空間になる等の問題がある．これらへの対応方法のひとつとして，抽象化の方法が知られている．
>
>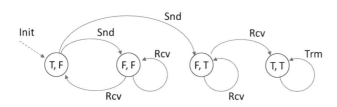
>
> 図 6.6　抽象状態遷移システムの振る舞い
>
> 教科書[13]の第 6 章は，ファイル転送プロトコルを例題として，抽象化の考え

方，抽象化の方法を説明している．抽象化を行うと，定数 $n$ を具体的な値に決める必要がない．つまり，任意の自然数 $n$ に対する検査を行った場合と同等の結果を得ることができる．ファイル転送プロトコルの例について，述語抽象の方法を適用すると，図 6.6 のような状態遷移システムを得る．具体的には，

$$\varphi_1(s,r) \equiv (s = r)$$
$$\varphi_2(s) \equiv (s = n + 1)$$

の 2 つの述語を命題 $b_1$ と $b_2$ に抽象化し，状態を $\langle b_1, b_2 \rangle$ とする．次に，この抽象状態上の遷移関係を計算する．このようにして，抽象状態遷移システムを求める際，充足性判定を行う．詳しくは，教科書[13]第 6.2 節 (2) を参照されたし．充足性判定の検証ツールとして RODIN を用いれば良い．

## 6.2　DEPLOY プロジェクト以降の Event-B

### 6.2.1　ハイブリッド・システムのモデリングへ

Event-B の研究開発活動は，FP7-ICT の DEPLOY プロジェクトが成功したことから，同じ FP7 の枠内で，新しい研究プロジェクト Advance として継続された[*3]．Advance プロジェクトは，Cyber-Physical Systems (CPS) あるいはネットワーク性を中心に考える System-of-Systems (SoS) といった新しいソフトウェアに形式手法を導入することを狙いとする．CPS の特徴のひとつに，離散遷移と連続変化の両方の性質を持つハイブリッド性があり，Event-B を拡張する研究が進められている．

*3 ここでの成果のひとつが，現在公開されている RODIN3.0 である．

■　ハイブリッド・システムの特徴

ハイブリッド・システム (Hybrid System, HS) は，物理法則に支配される装置 (Plant) を制御する組込みソフトウェア (Controller) の抽象的な計算モデルで，離散遷移と連続変数の両方を持つ．HS の状態は離散的なロケーションの集まりからなる．各ロケーションでは，連続変数の値は時間と共に変化し，これをフロー・ダイナミックス (Flow Dynamics) と呼ぶ．遷移ガード条件を満たす時，HS はロケーション間を瞬時に遷移する．コンピュータ科学と制御理論が関係する学際的な研究対象である．

コンピュータ科学では，前節で紹介した時相論理のモデル検査から発展した研究の流れが見られる．まず，リアルタイム性を持つソフトウェア・システムの表現と解析を行う時間オートマトン (Timed Automaton) が考案された．有限状態遷移システムに連続時間を表すクロック変数を導入したものである．クロック変数 $X$ はニュートン時間を表し，非負の実数値 $\mathcal{R}_+$ をとる．状態で時間進行し，遷移ガード条件を満たす値になると，次状態に遷移する．時間オートマトンは，処理にかかる時間や待ち時間，ならびにタイムアウトなどを表すことができる．物理時間 $t$ に対するクロック変数のダイナミクスを常微分方程式 $dX/dt = 1$ と表現する．

次に，クロック変数を拡張し，ダイナミクスが $dP/dt = f(P)$ の連続変数 $P$ を持つシステムを考える．これを，相遷移システム (Phase Transition Systems) あるいはハイブリッド・システムと呼ぶ．特に，$f$ が線型の時，つまり $dP/dt = a \times P + b$ の時，線型ハイブリッド・システム (Linear Hybrid System, LHS) と言う．また，コンピュータ科学では，次項に説明する線型ハイブリッド・オートマトン (Linear Hybrid Automaton, LHA) が重要な役割を果たす．

制御理論では，一般に，制御系 (Controller) と制御対象 (Plant) のダイナミクスを，線型常微分方程式系で表現する[*4]．対象が複雑になると，単一の線型微分方程式系では安定した制御を達成できない．そこで，複数の制御モードを導入し，モードごとに異なるダイナミクスによって制御する．必要に応じて，モードを切り替える方法を採用する．モードを状態，モード切り替えを遷移とする状態遷移システムと考え，これを，ハイブリッド・オートマトンと呼んだ．通常の制御理論は線型応答を対象とするので，ダイナミクスは $dP/dt = a \times P + b$ の形をとる．これを，線型ハイブリッド・オートマトンという．コンピュータ科学では，線型ハイブリッド・システムと呼ぶものである．

このように，線型ハイブリッド・システムは，コンピュータ科学と制御理論にまたがる研究対象なので，研究者によって用語の使い方が違うことがある．本書では，コンピュータ科学[3)]での用語に準じる．

[*4] 離散時間を基本とする場合は差分方程式系になる．

### ■ 線型ハイブリッド・オートマトン

ハイブリッド・オートマトン (Hybrid Automaton, HA) は次のように定義される[4)]．

$\langle Loc, Var, Lab, Edg, Act, Inv \rangle.$

各構成要素を説明する.

1. $Loc$ はロケーションの有限集合.

2. $Var$ は実数変数の有限集合．変数のバリュエーション $v$ は各変数 $x$ ($x \in Var$) に実数値を対応させる関数 ($v(x) \in R$)．$V$ はバリュエーションの集合.

3. $Lab$ は同期ラベルの有限集合.

4. $Edg$ は遷移の有限集合．遷移 $e$ はタプル $\langle l, a, \mu, l' \rangle$ として表される．$l \in Loc$ と $l' \in Loc$ が各々，遷移元と遷移先ロケーションを表し，$a \in Lab$ は同期ラベルを，$\mu$ はガード付き代入（更新）によって定義されるアクション.

$$\psi \Rightarrow \{\, x := \alpha_x \mid x \in Var \,\}.$$

において，$\psi$ は遷移ガード条件式，$\alpha_x$ は変数値の計算式.

5. $Act$ はロケーション $Loc$ からフロー・ダイナミックスを表すアクティビティの集合への関数．$Act(l)$ は，非負実数 $\mathcal{R}_+$ からバリュエーション $V$ への関数．変数 $x \in Var$ に対して，$Act(l)(x)$ は時間を表す非負実数変数 $t$ の関数 $f^x(t)$ で，ロケーション $l$ におけるフロー・ダイナミックス.

6. $Inv$ はロケーション $Loc$ から不変条件 $Inv(l) \subseteq V$ への関数．$Inv(l)$ は変数の集合 $Var$ 上の式 $\phi$.

ハイブリッド・オートマトンの動作意味は，ロケーションでの時間経過遷移とロケーション間の離散遷移がインタリーブ (interleave) して起こる繰り返し過程で与えられる．離散遷移は瞬時に発生する．このように2種類の遷移を持つことが特徴である.

ここで，遷移ガード条件式 $\psi$，変数値の計算式 $\alpha_x$ を線型の式に制限する場合のみを対象とする．この時，線型ハイブリッド・システムは，フロー・ダイナミックスの形を，常微分方程式 $dx/dt = a \times x + b$ とする．一方，線型ハイブリッド・オートマトンは，2つの定数 $C_1$ と $C_2$ に対して，不等式 $C_1 \leq dx/dt \leq C_2$ とする．なお，時間オートマトンでは連続値変数はクロッ

ク変数 $x$ のみで，そのダイナミックスは $dx/dt = 1$ であることから，線型ハイブリッド・オートマトンのサブクラスになることが構文的にわかる．

　自動解析アルゴリズムの基本は，到達性検査 (Reachability) である．開始状態から目標状態に至る遷移列が存在するか否かを状態空間の網羅的な探索によって調べる．TA の到達性は決定可能であるが，一般の LHA については厳密解は決定不能である．近年遷移ガード条件式の表現力を制限する方法や過大近似の方法が研究されてきた．なお，LHA のサブクラスであって，TA よりも表現力が大きい体系の中で，TA と同様に到達性が決定可能な体系も知られている．

　次に，ロジック・モデル検査の問題を考える．LTL にクロック制約を表現可能とした論理系として，Metric Temporal Logic (MTL) や凍結限量子 (Freeze Quantifier) を持つ LTL[5] がある．非負の実数 $\mathcal{R}_+$ で表現するニュートン時間の場合，これらの論理系の TA[*5] に対するロジック・モデル検査は決定不能[6]である．自然数 $\mathcal{N}$ の離散時間に制限した場合のアルゴリズムなどが知られている．

[*5] TA が生成する時点付き状態の列．

### ■ Event-B によるアプローチ

　Event-B はイベントを遷移とする状態遷移システムを表現できることから，ハイブリッド・システムを取り扱えるように拡張する試みが関心を集め始めた．先に述べたように，線型ハイブリッド・オートマトンの場合は，自動検証アルゴリズムの研究が中心であり，決定可能性に関わる理論的な成果が蓄積された．理論的な興味からの研究が進んだことで，残念であるが，実用あるいは応用上重要な多くの問題が決定不能であることもわかった．

　Event-B の場合，自動検証を目的とするわけではないので，対象を線型ハイブリッド・システムに限定しない．たとえば，遷移ガード条件に初等関数を用いる例題が公開されている．一方，Event-B を用いる場合の主な課題は，次の2つである．

- リファインメントの使い方
- 離散遷移と連続変化の区別

さらに，Event-B は，整数 $\mathbb{Z}$ に基づく体系であることから，実数 $\mathcal{R}$ に拡張する必要もある．理論的な話題というよりも，RODIN ツールでの実数の取り扱いという実際的な期待が大きい．これに関しては，サザンプトン大学で

研究を進めている理論体系プラグイン (Theory Plugin) の枠組みを利用して，実数の公理系を RODIN に埋め込む方法が採用されている．

リファインメントの方法は，ハイブリッド・システムのモデリングとして，Event-B の大きな特徴になる．J.-R. アブリエルは，「離散系はハイブリッド系の抽象化」とする．離散遷移システムから出発し，リファインメント技法によって，目的とするハイブリッド・システムを導出する方法論[7]を提案した．次のようなリファインメント・ステップに従う．

- 離散遷移のみからなる Event-B イベントを作成．イベントはロケーション間の遷移に対応．
- 連続変数を導入．これらの値制約をロケーションごとに不変条件として定義．ロケーションに応じた連続変数の制約を明示する．
- イベントに連続変数が関わる機能振る舞いを追加．ガード条件ならびにアクションで連続変数への処理を記述する．

アクションに関して，アブリエルの方法では，時間変数を非負実数値をとる特別な変数 $t$ として定義しておき，連続変数の値を時間の関数 $f(t)$ として表現する．つまり，常微分方程式の解を予め求めておく．一方，R. バナハは，アクションに常微分方程式を記述する方法を提案し，Hybrid Event-B と呼んでいる[8]．

2 番目の課題，離散遷移と連続変化を区別する問題は，ハイブリッド・システムの直感的な説明で述べたように，時間経過遷移と離散遷移とのインタリーブと考えることに関連する．処理進行を議論する動作規則，つまり操作的な意味と関わる．第 6.1 節で検討したように，Event-B は単一のイベントに着目した状態ベース仕様である．イベント実行列の性質を議論する際には，別途，振る舞い仕様のような新しい観点を導入しなければならない．Event-B をハイブリッド・システムに拡張する研究では，どのような証明条件を定義すべきかという問題と関わる．本書執筆時点では，研究が進行中[*6]で，最新の話題のひとつである．

[*6] Cyber RODIN プロジェクト等．

> ✎ Cyber-Physical Systems
>
> Cyber-Physical Systems (CPS) という言葉は，2006 年頃に National Science Fundation (NSF) の H. Gill 博士がサイバネティックスからヒントを得た造語である．サイバネティックスは 1948 年 N. Wiener 博士が，フィードバック制御

を基本とする数学理論に対して命名したもの．その後，制御工学の発展に影響を与えた．一般に組込みシステムの制御対象は物理的な世界の機械等であり，制御工学の方法で設計される．高度な組込みシステムの開発に必要な共通技術として，新しい技術領域 CPS がイメージされた．

今後，多様なアプリケーション・セクターがソフトウェア化する時代を見据えて，これらに共通する基盤技術の確立を目的とし，挑戦課題を 3 つにまとめた[9]．

1. 離散量（デジタル）と連続量（アナログ）の共生
2. 大容量，不確実な入力情報のもとでの処理
3. 大規模・複雑なネットワークシステムへの対応

ひとつめの挑戦課題は，ハイブリッドシステムと関係が深い[10]．

### 欧州の CPS

欧州では，米国の CPS よりも以前，1998-2002 年の FP5-ICT 頃より，宇宙・航空，自動車，製造オートメーション，医療機器などの重要性から，組込みシステムの研究を戦略的に推進してきた．FP6 の Embedded Systems Design (ESD) や FP7 の Networked ESD，ARTEMIS といった枠組みを通して精力的に研究が進められた．ドイツでは，2010-2011 年に，21 世紀の産業競争力強化の基盤に関する調査を実施した．組込みシステムの重要性を確認した内容で，Agenda CPS というレポート[10] にまとめられた．

その後，欧州の研究開発支援は，FP7 が終了し，2014 年から Horizon 2020 (H2020)[*7] が始まる．H2020 では，Agenda CPS の影響を受け，Smart CPS というキーワードを，イノベーションの切り札として前面に打ち出した．ARTEMIS は ECSEL という枠組みに発展し，産学連携研究開発の推進を継続している．北米の CPS 活動は，経済情勢の影響が大きいのか，一時期ほど活発ではない．一方，欧州は，基盤と応用技術の確立，という視点から，CPS の研究開発を強化している．CPS に関わる研究開発活動の中心が，北米から欧州に移っているように思える．

*7 Common Framework Program (CFP) とも呼ばれていた．

# 参考文献

1) T.S. Hoang and J.-R. Abrial : Reasoning about Liveness Properties in Event-B, *Proc. ICFEM* 2011, pp.456–471, 2011.

2) D. Plagge and M. Luschel : Seven at one stroke: LTL model checking for high-level specications in B, Z, CSP, and more. *Int. J. Softw. Tools Technol. Transfer*,

# 第 6 章 発展的な話題

12:9–21 (2010).

3) R. Alur : Formal Verication of Hybrid Systems, *Proc. EMSOFT* 2011, pp.273–278, 2011.

4) R. Alur, C. Courcoubetis, N. Halbwachs, T.A. Henzinger, P.-H. Ho, X. Nicollin, A. Oliverom J. Sifakis, and S. Yovine : The Algorithmic Analysis of Hybrid Systems, *Theor. Comp. Sci*, no.138, pp.3–24, 1995.

5) R.Alur and T.A. Henzinger : A Really Temporal Logic, *J. Assoc. Comp. Machin*, 41(1), pp.181–204, 1994.

6) J. Ouaknine and J. Worrel : Some Recent Results in Metric Temporal Logic, *Proc. FORMATS* 2008, pp.1–13, 2008.

7) J.-R. Abrial, W. Su, and H. Zhu : Hybrid Systems Modeling with Event-B, *Proc. ABZ* 2012, pp.178–193, 2012.

8) R. Banach : Pliant Modalities in Hybrid Event-B, *Theory of Programming and Formal Methods*, pp.37–53, 2013.

9) J.M. Wing : Cyber-Physical Systems, *Computer Research News*, 21(1), p.4, 2009.

10) ACATECH(ed.) : Cyber-Physical Systems — Driving Force for Innovation in Mobility, Health, Energy and Production, 2011.

# 付　録

## A.1 演習問題の解答例

### 第2章演習問題の解答例

■ 解答例 2.1

M0-TakeARest $\triangleq$
**when**
    (working = Open)
**then**
    act1 : working := Rest
**end**

補足説明：開店中 (Open) 以外の時はガード条件が発火しないので処理が実行されない．

■ 解答例 2.2

**MACHINE**    M0'
**SEES**    C0
    MODE
**VARIABLES**
    Requested
    Tags
    working
    Stock
**INVARIANTS**
    inv1 : Requested $\subseteq$ Customer
    inv2 : Tags $\subseteq$ Requested $\times$ Quantity
    inv3 : working $\in$ Mode
    inv4 : Stock $\subseteq$ Sake
**EVENTS**
    （以下参照）
**END**

補足説明：新しい変数 Stock を導入．これが Sake の部分集合であることを示す不変条件 inv4 を追加した．

M0'-Initialization $\triangleq$
**begin**

    act1 : Requested := ∅
    act2 : Tags := ∅
    act3 : working := Close
    act4 : Stock :∈ ℙSake
  end

補足説明：act4 では，集合値変数 Stock の初期値を，Sake の部分集合とする．具体的な値ではなく，Sake の部分集合ひとつを非決定的に設定する一般化代入文を用いた．

M0'-Order ≙
  **any**
    c
    d
  **where**
    grd1 : working = Open
    grd2 : c ∈ (Customer\Requested)
    grd3 : d ∈ Quantity
    grd4 : d ≤ $card$(Stock)
  **then**
    act1 : Requested := Requested ∪ {c}
    act2 : Tags := Tags ∪ {c ↦ d}
  **end**

補足説明：ガード条件 grd4 に設問で示された条件（注文数が在庫数を超えない）を追加した．


■ 解答例 2.3

**MACHINE**   M1
**REFINES**   M0
**SEES**      C0
    MODE
**VARIABLES**
    Requested
    Tags
    working
    Stock
**INVARIANTS**
    inv1 : Requested ⊆ Customer
    inv2 : Tags ⊆ Requested×Quantity

inv3 : working $\in$ Mode
inv4 : Stock $\subseteq$ Sake
**EVENTS**
（以下参照）
**END**

補足説明：マシン M1 をマシン M0 のリファインメントとして定義する．変数 Stock に関連した記述は，解答例 2.2 と同様になる．

M1-Initialization $\triangleq$
**begin**
    act1 : Requested := $\varnothing$
    act2 : Tags := $\varnothing$
    act3 : working := Close
    act4 : Stock :$\in$ $\mathbb{P}$Sake
**end**

補足説明：初期化イベントの act4 は，解答例 2.2 の場合と同様になる．

M1-Order $\triangleq$
**EXTENDS** Order
**any**
    c
    d
**where**
    grd1 : working = Open
    grd2 : c $\in$ (Customer\Requested)
    grd3 : d $\in$ Quantity
    grd4 : d $\leq$ $card$(Stock)
**then**
    act1 : Requested := Requested $\cup$ {c}
    act2 : Tags := Tags $\cup$ {c $\mapsto$ d}
**end**

補足説明：イベント M1-Order は，解答例 2.2 のイベント M0'-Order と同様になる．

■ **解答例 2.4**

**MACHINE**   M2
**REFINES**   M1
**SEES**     C0

MODE
**VARIABLES**
 Requested
 Tags
 working
 Stock
 PendingOrder
**INVARIANTS**
 inv1 : Requested ⊆ Customer
 inv2 : Tags ⊆ Requested×Quantity
 inv3 : working ∈ Mode
 inv4 : Stock ⊆ Sake
 inv5 : PendingOrder ⊆ Requested×Quantity
**EVENTS**
 （以下参照）
**END**

補足説明：マシン M1 に加えて，新しい変数 PendingOrder を追加する．

M2-Initialization $\triangleq$
**extends** Initialization
**begin**
 act1 : Requested := ∅
 act2 : Tags := ∅
 act3 : working := Close
 act4 : Stock :∈ ℙSake
 act5 : PendingOrder := ∅
**end**

補足説明：初期化イベントは，変数 PendingOrder の初期値設定を追加する．最初は，空集合になる．

M2-Order_rest $\triangleq$
**any**
 c
 d
**where**
 grd1 : working = Rest
 grd2 : c ∈ (Customer\Requested)
 grd3 : d ∈ Quantity
 grd4 : d ≤ $card$(Stock)
**then**
 act2 : PendingOrder := PendingOrder ∪ {c ↦ d}

end

補足説明：開店中は，マシン M1 と同様なので，省略する．イベント M2-Order-rest は休憩中の振る舞いを表し，ガード条件 grd1 が休憩中を示す．この時，受け取った注文は，単に，PendingOrder に追加するだけとした．

M2-ProcessPendingOrder $\triangleq$
**any**
   c
   d
**where**
   grd1 : working = Open
   grd2 : PendingOrder $\neq \emptyset$
**then**
   act1 : Requested := Requested $\cup$ first(PendingOrder)
   act2 : Tags := Tags $\cup$ PendingOrder
   act3 : PendingOrder := $\emptyset$
**end**

補足説明：休憩から戻ると，PendingOrder に保持されている注文を通常処理する必要がある．これを行うのがイベント M2-ProcessPendingOrder である．アクションの act1 は，注文主を変数 PendingOrder から取り出して，変数 Request に転記する．

## 第 4 章演習問題の解答例

### ■ 考え方

**変数と不変条件**　まず，図書購入申請を記録する変数 $purchase\_requisition$ を導入する．書誌情報が同じ図書購入申請が他の利用者から提出されている場合には重複して申請できないことから，購入申請された書誌情報に対して利用者が 1 人だけ対応する．一方，利用者が購入申請を提出できる回数に制限がないことから，1 人の利用者に対して購入申請された書誌情報は一般に複数対応する．したがって，$purchase\_requisition$ は書誌情報の集合 ($TITLES$) から利用者の集合 ($Users$) への部分関数（$\rightarrowtail$）とするのが妥当であろう．

$$purchase\_requisition \in TITLES \rightarrowtail Users$$

購入申請できるのはその利用者が予約した図書に限られることから，次を

不変条件とする．

$$purchase\_requisition \subseteq reserved$$

$reserved$ が $TITLES$ と $Users$ の間の関係であるのに対し，$purchase\_reuisition$ は部分関数であることに注意してほしい．部分関数は関係に制約を加えたものなので，型が一致すれば集合として比較することができる．

また，購入申請できる図書は蔵書でないものに限られるので，次の不変条件も加える．

$$dom(purchase\_requisition) \cap copy2title[BookStock] = \varnothing$$

この式は，図書購入申請されている書誌情報と蔵書として管理されている図書の書誌情報に，共通部分がないことを表す．

これらの不変条件により，イベントとして記述した機能が問題文の要求を満たすことを検証を通じて確認できる．

**イベントの追加** 図書購入申請のために，次の2つのイベントを追加する．

- 図書購入申請処理を行うイベント (purchase_requesting)
- 図書購入申請された図書の受け入れ処理を行うイベント (purchase)

イベント purchase_requesting では，図書購入を申請する書誌情報 ($title$) と申請者である利用者 ($user$) を入力として，変数 $purchase\_requisition$ に書誌情報と利用者の対 ($title \mapsto user$) を加える．このイベントのガード条件は，次の3つである．
$title$ の図書が蔵書にないこと

$$copy2title^{-1}[\{title\}] \cap BookStock = \varnothing$$

$user$ が $title$ の図書を予約していること

$$title \mapsto user \in reserved$$

$title$ はまだ図書購入申請されていないこと

$$title \notin dom(purchase\_requisition)$$

アクションでは，$purchase\_requisition$ に $title \mapsto user$ を加える．

$$purchase\_requisition := purchase\_requisition \cup \{title \mapsto user\}$$

イベント purchase は基本的に図書の受け入れ処理を行うイベントなので，machine5 のイベント accession に類似する機能を持つ．そこで，accession をリファインしたイベントとして purchase を定義する．purchase が受け入れ処理を行うのは図書購入申請されていた図書に限られるので，受け入れる図書（book）の書誌情報が $purchase\_requisition$ の定義域に存在することを表す，次の式を accession のガード条件に追加する．

$$copy2title(book) \in dom(purchase\_requisition)$$

アクションには，accession と同様に蔵書として登録するだけでなく，購入された図書の書誌情報を購入申請から削除する次の代入を加える．

$$purchase\_requisition := \{copy2title(book)\} \triangleleft purchase\_requisition$$

**イベントの変更** 図書購入申請の追加にともなって，次の2つのイベントを変更する必要がある．

- 図書の受け入れ処理を行うイベント (accession)
- 予約の取り消し処理を行うイベント (cancel_reservation)

上記のように，machine6 では図書購入申請されていた図書の受け入れ処理を行うイベント purchase を設けたので，accession の機能は図書購入申請されていない図書の受け入れ処理に限定される必要がある．このため，accession のガード条件に次の式を加える．

$$copy2title(book) \notin dom(purchase\_requisition)$$

もし accession に上記のガード条件を加えない場合，図書購入申請されている図書の受け入れ処理が purchase だけでなく accession でも行われる可能性があるが（どちらのイベントのガード条件も真になるため），accession では書誌情報が購入申請から削除されない．この結果，蔵書であるにもかかわらず図書購入申請されている図書が存在することになる．このような誤りは，不変条件の検証によって検出することができる．

イベント cancel_reservation には，予約の取り消しと図書購入申請の取り消しを同時に行うため，次のアクションを追加する．

$$purchase\_requisition := purchase\_requisition \setminus \{title \mapsto user\}$$

このアクションを追加しない場合，利用者が貸し出し予約していない図書の購入申請が存在することになり，不変条件が満たされない．このような誤りも，不変条件の検証時に検出することができる．

■ 解答例

**MACHINE** machine6
**REFINES** machine5
**SEES** context2
**VARIABLES**
　　（省略）
　$purchase\_requisition$
**INVARIANTS**
　inv1 : $purchase\_requisition \in TITLES \nrightarrow Users$
　inv2 : $purchase\_requisition \subseteq reserved$
　inv3 : $dom(purchase\_requisition) \cap copy2title[BookStock] = \varnothing$
**EVENTS**
Initialization $\triangleq$
**begin**
　　（省略）
　act7 : $purchase\_requisition := \varnothing$
**end**
accession $\triangleq$
**refines** accession
**any**
　$book$
**where**
　grd1 : $book \in COPIES$
　grd2 : $book \notin BookStock$
　grd3 : $copy2title(book) \notin dom(purchase\_requisition)$
**then**
　act1 : $BookStock := BookStock \cup \{book\}$
**end**
purchase $\triangleq$
**refines** accession
**any**
　$book$
**where**

grd1 : $book \in COPIES$
grd2 : $book \notin BookStock$
grd3 : $copy2title(book) \in dom(purchase\_requisition)$
**then**
  act1 : $BookStock := BookStock \cup \{book\}$
  act2 : $purchase\_requisition := \{copy2title(book)\} \lhd purchase\_requisition$
**end**
（省略）
cancel_reservation $\triangleq$
**refines** cancel_reservation
**any**
  $title$
  $user$
**where**
  grd1 : $title \mapsto user \in reserved$
**then**
  act1 : $reserved := reserved \setminus \{title \mapsto user\}$
  act2 : $purchase\_requisition := purchase\_requisition \setminus \{title \mapsto user\}$
**end**
（省略）
purchase_requesting $\triangleq$
**any**
  $title$
  $user$
**where**
  grd1 : $copy2title^{-1}[\{title\}] \cap BookStock = \varnothing$
  grd1 : $title \mapsto user \in reserved$
  grd1 : $title \notin dom(purchase\_requisition)$
**then**
  act1 : $purchase\_requisition := purchase\_requisition \cup \{title \mapsto user\}$
**end**
**END**

# A.2　Event-B 数学記法

　本書では，いくつかの簡単な記述例に基づいて Event-B を解説した．これらの記述例は，Event-B の文法を解説することを目的としたものではないので，言語機能の一部を用いているに過ぎない．読者の便宜のため，Event-B

## A.2 Event-B 数学記法

数学記法 (mathematical notation) の主な記号の一覧を以下に掲げる．本書で解説しなかった記号の意味は，Rodin User's Handbook ならびに RODIN web ページ[*1] から公開されているドキュメントを参照していただきたい．

以下の記号の説明では，行の中は数学表記，ASCII 表記，意味の順に並んでいる．

[*1] http://www.event-b.org

### ■ 述語で使われる記号

#### ■ 命題記号

| 記号 | ASCII | 意味 |
|---|---|---|
| $\top$ | true | 真 |
| $\bot$ | false | 偽 |
| $\land$ | & | 論理積 |
| $\lor$ | or | 論理和 |
| $\Rightarrow$ | => | 含意 |
| $\Leftrightarrow$ | <=> | 同値 |
| $\lnot$ | not | 否定 |

#### ■ 量化記号

| 記号 | ASCII | 意味 |
|---|---|---|
| $\forall$ | ! | 全称記号 |
| $\exists$ | # | 存在記号 |

#### ■ 等号

| 記号 | ASCII | 意味 |
|---|---|---|
| $=$ | = | 等号 |
| $\neq$ | /= | 不等号 |

#### ■ 所属

| 記号 | ASCII | 意味 |
|---|---|---|
| $\in$ | : | 属する |
| $\notin$ | /: | 属さない |

## ■ 包含関係

| | | |
|---|---|---|
| ⊆ | <: | 部分集合 |
| ⊄ | /<: | 部分集合でない |
| ⊂ | <<: | 真部分集合 |
| ⊄ | /<<: | 真部分集合でない |

## ■ 整数の順序関係

| | | |
|---|---|---|
| ≤ | <= | 小さいか等しい |
| < | < | 小さい |
| ≥ | >= | 大きいか等しい |
| > | > | 大きい |

# 式で使われる記号

## ■ ブール式

| | | |
|---|---|---|
| BOOL | BOOL | ブール値 |
| TRUE | TRUE | 真値 |
| FALSE | FALSE | 偽値 |
| bool | bool | 述語からブール式への変換演算子 |

## ■ 集合定義

| | | |
|---|---|---|
| $\{ids \cdot P \mid E\}$ | { ids . P \| E } | 集合の内包定義 |
| $\{E \mid P\}$ | { E \| P } | 集合の内包定義（簡略形） |
| ∅ | {} | 空集合 |

## ■ 集合演算

| | | |
|---|---|---|
| ∪ | \/ | 和集合 |
| ∩ | /\ | 積集合 |
| \ | \ | 差集合 |
| ℙ | POW | べき集合 |

| | | |
|---|---|---|
| $\mathbb{P}_1$ | POW1 | 空でない部分集合の集合 |
| partition | partition | 集合の分割 |
| $\cup$ | union | 合併集合 |
| $\cap$ | inter | 共通部分 |
| $\bigcup$ | UNION | 量化合併集合 |
| $\bigcap$ | INTER | 量化共通部分 |
| finite | finite | 有限集合 |
| card | card | 濃度：集合に含まれる要素の数 |

### ■ 関係定義

| | | |
|---|---|---|
| $\mapsto$ | \|-> | 順序対 |
| $\times$ | ** | 直積集合 |
| $\leftrightarrow$ | <-> | 関係 |
| id | id | 恒等関係 |
| $\leftrightarrow$ | <<-> | 全域関係 |
| $\leftrightarrow$ | <->> | 全射関係 |
| $\leftrightarrow$ | <<->> | 全域全射関係 |

### ■ 関係演算

関係には，集合演算に加えて，以下の関係固有の演算を適用できる．

| | | |
|---|---|---|
| dom | dom | 定義域 |
| ran | ran | 値域 |
| $\triangleleft$ | <\| | 定義域の制限 |
| $\triangleleft\!\!\!-$ | <<\| | 定義域の減算 |
| $\triangleright$ | \|> | 値域の制限 |
| $\triangleright\!\!\!-$ | \|>> | 値域の減算 |
| ; | ; | 関係の前方合成 |
| $\circ$ | circ | 関係の後方合成 |
| $\Leftarrow\!\!\!|$ | <+ | 関係の上書き |
| $\parallel$ | \|\| | 関係の並列積 |
| $\otimes$ | >< | 関係の直積 |
| $^{-1}$ | ~ | 逆関係 |

| | | |
|---|---|---|
| [...] | [...] | 関係の像 |
| $\mathrm{prj}_1$ | prj1 | 第一成分への射影 |
| $\mathrm{prj}_2$ | prj2 | 第二成分への射影 |

### ■ 関数定義

| | | |
|---|---|---|
| $\nrightarrow$ | +-> | 部分関数 |
| $\rightarrow$ | --> | 全域関数 |
| $\rightarrowtail$ | >+> | 部分単射 |
| $\rightarrowtail$ | >-> | 全域単射 |
| $\twoheadrightarrow$ | +->> | 部分全射 |
| $\twoheadrightarrow$ | -->> | 全域全射 |
| $\rightarrowtail\kern-1.5ex\twoheadrightarrow$ | >->> | 全域全単射 |
| $\lambda$ | % | ラムダ (lambda) 式 |

### ■ 関数演算

　関数には，集合演算と関係演算に加えて，次の関数固有の演算を適用できる．

| | | |
|---|---|---|
| (..) | (...) | 関数適用 |

### ■ 算術式

| | | |
|---|---|---|
| $\mathbb{Z}$ | INT | 整数 |
| $\mathbb{N}$ | NAT | 自然数 |
| $\mathbb{N}_1$ | NAT1 | 0 を含まない自然数 |
| .. | .. | 区間数 |
| $+$ | + | 加法演算子 |
| $-$ | - | 減法演算子，負号 |
| $\times$ | * | 乗法演算子 |
| $\div$ | / | 除法演算子 |
| mod | mod | 剰余 |
| ^ | ^ | べき乗 |
| min | min | 最小値 |
| max | max | 最大値 |

## ■ 型付け

oftype    oftype    型付け

## 代入の記号

### ■ 代入

| :=  | := | 決定的代入 |
| :\| | :\| | 述語を満たす要素の非決定的代入 |
| :∈  | :: | 集合要素の非決定的代入 |

# A.3 関係と関数

## ■ 直積集合

集合 $S$ と $T$ の直積集合 (cartesian product) $S \times T$ は，$S$ の要素と $T$ の要素の全ての順序対の集合であり，次のように定義される．

$$S \times T \mathrel{\hat=} \{\langle s, t\rangle | s \in S \land t \in T\}$$

## ■ 関係

集合 $S$ と集合 $T$ の間の関係 (relation) は，$S$ の要素と $T$ の要素の順序対の集合．すなわち，$S$ と $T$ の直積集合の部分集合である．

$\leftrightarrow$ は，$S$ と $T$ の全ての関係の集まり．言い換えれば，$S$ と $T$ の直積集合の「全ての部分集合からなる集合」[*2] である．

$$S \leftrightarrow T \mathrel{\hat=} \mathfrak{P}(S \times T)$$

[*2] べき集合．ここでは，集合 $S$ に対して $S$ のべき集合を $\mathfrak{P}S$ と表す．$\mathfrak{P}$ は P のドイツ文字．

## ■ 定義域

関係 $R \in S \leftrightarrow T$ の定義域 (domain) は，$R$ によって $T$ のいずれかの要素と対応付けられる $S$ の要素の集合．

$$\mathrm{dom}(R) \mathrel{\hat=} \{s | s \in S \land \exists t.(t \in T \land \langle s,t \rangle \in R)\}$$

■ 値域

関係 $R \in S \leftrightarrow T$ の値域 (range) は，$R$ によって $S$ のいずれかの要素と対応付けられる $T$ の要素の集合．

$$ran(R) \mathrel{\hat=} \{t | t \in T \land \exists s.(s \in S \land \langle s,t \rangle \in R)\}$$

■ 定義域の制限

関係 $R \in S \leftrightarrow T$ の集合 $U$ への定義域の制限 (domain restriction) は，$R$ の部分集合であり定義域が $U$ である関係．

$$U \triangleleft R \mathrel{\hat=} \{\langle s,t \rangle | \langle s,t \rangle \in R \land s \in U\}$$

■ 定義域の減算

関係 $R \in S \leftrightarrow T$ の集合 $U$ への定義域の減算 (domain subtraction) は，$R$ の部分集合であり定義域が $U$ と共通部分を持たない関係．

$$U \mathbin{\vartriangleleft\mkern-9mu-} R \mathrel{\hat=} \{\langle s,t \rangle | \langle s,t \rangle \in R \land s \notin U\}$$

■ 値域の制限

関係 $R \in S \leftrightarrow T$ の集合 $V$ への値域の制限 (range restriction) は，$R$ の部分集合であり値域が $V$ に含まれる関係．

$$R \triangleright V \mathrel{\hat=} \{\langle s,t \rangle | \langle s,t \rangle \in R \land t \in V\}$$

■ 値域の減算

関係 $R \in S \leftrightarrow T$ の集合 $V$ への値域の減算 (subtraction to the range) は，$R$ の部分集合であり値域が $V$ と共通部分を持たない関係．

$$R \triangleright V \mathrel{\widehat{=}} \{\langle s,t\rangle | \langle s,t\rangle \in R \land t \notin V\}$$

## ■ 像

集合 $U$ の関係 $R$ による像 (relational image) は，$R$ によって $U$ の各要素が対応付けられる要素からなる集合．

$$R[U] \mathrel{\widehat{=}} \{t | \langle s,t\rangle \in R \land s \in U\}$$

## ■ 逆関係

関係 $R$ の逆関係 (inverse) は，$R$ とは逆の順序対からなる関係．

$$R^{-1} \mathrel{\widehat{=}} \{\langle t,s\rangle | \langle s,t\rangle \in R\}$$

## ■ 前方合成

関係 $R0 \in S \leftrightarrow T$ と $R1 \in T \leftrightarrow U$ の前方合成 (relational forward composition) は，$R0$ による対応付けに続けて $R1$ による対応付けを行う関係．

$$R0 \mathbin{;} R1 \mathrel{\widehat{=}} \{\langle s,u\rangle | \exists t.(t \in T \land \langle s,t\rangle \in R0 \land \langle t,u\rangle \in R1)\}$$

## ■ 後方合成

関係 $R0 \in T \leftrightarrow U$ と $R1 \in S \leftrightarrow T$ の後方合成 (relational backward composition) は，$R0$ による対応付けに続けて $R1$ による対応付けを行う関係．

$$R0 \circ R1 \mathrel{\widehat{=}} \{\langle s,u\rangle | \exists t.(t \in T \land \langle s,t\rangle \in R1 \land \langle t,u\rangle \in R0)\}$$

## ■ 上書き

関係 $R0$ の $R1$ による上書き (relational override) は，$R0$ による対応付けを $R1$ による対応付けで置き換えた関係．

$$R0 \mathbin{\triangleleft\!\!\!-} R1 \mathrel{\hat{=}} \{\langle s,t \rangle | \langle s,t \rangle \in R0 \land s \notin \operatorname{dom} R1\} \cup R1$$

### ■ 部分関数

集合 $S$ から $T$ への部分関数 (partial function) は，$S$ の1つの要素に対して $T$ の要素を高々1つ対応付ける関係．$S \nrightarrow T$ は，$S$ から $T$ への全ての部分関数の集まり．

$$S \nrightarrow T \mathrel{\hat{=}} \{f | f \in \mathfrak{P}(S \times T) \land \forall s, t1, t2. (\langle s, t1 \rangle \in f \land \langle s, t2 \rangle \in f \Rightarrow t1 = t2)\}$$

### ■ 全域関数

集合 $S$ から $T$ への全域関数 (total function) は，$S$ から $T$ への部分関数であって，定義域が $S$ であるもの．$S \rightarrow T$ は，$S$ から $T$ へ全ての全域関数の集まり．

$$S \rightarrow T \mathrel{\hat{=}}$$
$$\{f | f \in \mathfrak{P}(S \times T) \land \operatorname{dom}(f) = S \land \forall s, t1, t2. (\langle s, t1 \rangle \in f \land \langle s, t2 \rangle \in f \Rightarrow t1 = t2)\}$$

### ■ 部分全射

集合 $S$ から $T$ への部分全射 (partial surjection) は，$S$ から $T$ への部分関数であって，値域が $T$ であるもの．言い換えれば，$S$ の（全てとは限らない）要素を，$T$ の全ての要素に対応付ける部分関数．$S \twoheadrightarrow T$ は，$S$ から $T$ への全ての部分全射の集まり．

$$S \twoheadrightarrow T \mathrel{\hat{=}} \{f | f \in S \nrightarrow T \land \operatorname{ran}(f) = T\}$$

### ■ 全域全射

集合 $S$ から $T$ への全域全射 (total surjection) は，$S$ から $T$ への部分全射であって，定義域が $S$ であるもの．言い換えれば，$S$ の全ての要素を，$T$ の全ての要素に対応付ける部分関数．$S \twoheadrightarrow T$ は，$S$ から $T$ への全ての全域全射の集まり．

$$S \rightarrow T \mathrel{\hat=} \{f | f \in S \rightarrowtail T \land \mathrm{dom}(f) = S\}$$

### ■ 部分単射

集合 $S$ から $T$ への部分単射 (partial injection) は，$S$ から $T$ への部分関数であって，$S$ の異なる要素は（定義域に含まれていれば）必ず $T$ の異なる要素に対応付けるもの．言い換えれば，$S$ の（全てとは限らない）要素を，$T$ の（全てとは限らない）要素に 1 対 1 に対応付ける部分関数[*3]．$S \rightarrowtail T$ は，$S$ から $T$ への全ての部分単射の集まり．

[*3] したがって，逆関数は $T$ から $S$ への部分単射となる．

$S \rightarrowtail T \mathrel{\hat=}$

$\{f | f \in S \rightarrowtail T \land$

$\forall s1, s2, t1, t2.(\langle s1, t1 \rangle \in f \land \langle s2, t2 \rangle \in f \land (s1 \neq s2 \Rightarrow t1 \neq t2))\}$

### ■ 全域単射

集合 $S$ から $T$ への全域単射 (total injection) は，$S$ から $T$ への全域関数であって，$S$ の異なる要素は必ず $T$ の異なる要素に対応付けるもの．言い換えれば，$S$ の全ての要素を，$T$ の（全てとは限らない）要素に 1 対 1 に対応付ける部分関数．$S \rightarrowtail T$ は，$S$ から $T$ への全ての全域単射の集まり．

$S \rightarrowtail T \mathrel{\hat=}$

$\{f | f \in S \rightarrow T \land$

$\forall s1, s2, t1, t2.(\langle s1, t1 \rangle \in f \land \langle s2, t2 \rangle \in f \land (s1 \neq s2 \Rightarrow t1 \neq t2))\}$

### ■ 全域全単射

集合 $S$ から $T$ への全域全単射 (bijection) は，$S$ から $T$ への全域単射であり同時に全域全射であるもの．言い換えれば，$S$ の全ての要素を，$T$ の全ての要素に 1 対 1 に対応付ける部分関数[*4]．$S \rightarrowtail T$ は，$S$ から $T$ への全ての全域全単射の集まり．

[*4] 逆関数は $T$ から $S$ への全域全単射．

$$S \rightarrowtail T \mathrel{\hat=} \{f | f \in S \rightarrowtail T \land f \in S \rightarrow T\}$$

### ■ ラムダ式

$P$ を述語，$E$ を式とし，集合 $S$ と $T$ に対して $x \in S \Rightarrow E \in T$ とする．ラムダ式 $\lambda x.(x \in S \wedge P|E)$ は，次の $S$ から $T$ への関数を表す．

$$\lambda x.(x \in S \wedge P|E) \cong \{\langle x, y \rangle | x \in S \wedge y \in T \wedge P \wedge y = E\}$$

# 参考文献

[1] J.-R. Abrial, S.A. Schuman, and B. Meyer: "Specification Language", in *On the Construction of Programs* (R.M. McKeag and A.M.MacNaghten (eds.)), pp.343–410, 1980.
集合論をソフトウェア・システムの仕様記述言語として使うことを提案した論文．Z 記法に発展した．

[2] J.-R. Abrial: *The B-Book — Assigning programs to meanings*, Cambridge University Press, 1996.
B メソッドの書．副題「意味にプログラムを与える」が何とも印象的である．

[3] J.-R. Abrial: "Formal Methods in Industry - Achievements, Problems, Future", in *Proc. ICSE2006*, pp.761–767, 2006.
パリ地下鉄 14 号線をはじめ B メソッドの産業界事例を中心とした招待講演．

[4] J.-R. Abrial: *Mdeling in Event-B — System and Software Engineering*, Cambridge University Press, 2010.
Event-B の基本図書．Eevnt-B を使用する限り，必携，必読の書．

[5] J.-R. Abrial: "From Z to B and then Event-B — Assigning Proofs to Meaningful Programs", in *Proc. iFM2013*.
文献[1]から文献[4]への道程をまとめた招待講演．副題が「意味あるプログラムに証明を与える」となった．

[6] 荒木啓二郎，張漢明：『プログラム仕様記述論』，オーム社，2002.
日本語による形式手法の教科書．VDM と Z 記法を紹介している．

[7] D. Jackson, M. Thomas, and L.I. Millett (eds.): Software for Dependable Systems, The National Academies Press, 2007.
アメリカ科学アカデミーがまとめたレポート．ディペンダビリティ達成への科学的な方法の研究を国家が戦略的に推進することを提言．

[8] 来間啓伸：『B メソッドによる形式仕様記述』，近代科学社，2007.
日本語による B メソッドの解説書．

[9] 来間啓伸，中島震：「Event-B —— リファインメントに基づくシステム・モデリング」，『コンピュータ・ソフトウェア』，Vol.31, No.1, pp. 43–46 2014.

# 参考文献

Event-B/RODIN の概要を紹介する解説記事．

[10] E.A. Lee and S.A. Seshia: *Introduction to Embedded Systems : Cyber-Physical Systems Approach*, http://LeeSeshia.org, 2010.
CPS という統一的な視点で組込みシステムを整理した教科書．自動検証の方法を含む．

[11] 中島震：「ソフトウェア工学の道具としての形式手法」，NII TR-2007-J007, 国立情報学研究所，2007.
さまざまな形式手法を紹介したレポート．著者の個人的な経験に基づくエッセイ．

[12] 中島震：『SPIN モデル検査 —— 検証モデリング技法』，近代科学社，2008.
代表的なモデル検査ツール SPIN の解説書．ロジック・モデル検査の概要を知るのにも良い．

[13] 中島震：『形式手法入門 —— ロジックによるソフトウェア設計』，オーム社，2012.
個々の形式手法に偏らず，モデル規範形式手法に共通する基本的な考え方を中心とする入門書．形式手法のひとつである Alloy を用いた具体的な形式記述を示すことで，基本概念を説明していることが大きな特徴．

[14] 中島震，みわよしこ：『ソフト・エッジ —— ソフトウェア開発の科学を求めて』，丸善ライブラリー，2013.
一般読者向けの「縦書き」の本．ソフトウェア・システムのディペンダビリティを達成する技術への科学的な方法の必要性を論じている．

[15] 小川紘一：『オープン&クローズ戦略』，翔泳社，2014.
ソフトウェアによってビジネスの方法に大きな変化が起きていることを指摘した経営学の専門書．日本の産業が衰退しつつある理由を明確に説明している．

[16] A. Romanovsky and M. Thomas (eds.): *Industrial Deployment of System Engineering Methods*, Springer, 2013.
FP7-ICT の DEPLOY プロジェクト成果をまとめた書．Event-B について新しい情報を盛り込む．

[17] 玉井哲雄：『ソフトウェア工学の基礎』，岩波書店，2004.
ソフトウェア工学の教科書であるが，形式手法の役割や，Z 記法やモデル検査の章を含む．

[18] 徳田昭雄, 立本博文, 小川紘一（編著）:『オープン・イノベーション・システム』, 晃洋書房, 2011.
欧州における自動車組込みシステムの動向を調査した技術管理の専門書. RODIN や DEPLOY プロジェクトを生み出した EU 研究開発支援の枠組みも解説している.

# 索　引

**【数字・欧文】**

0 を含まない自然数, 148
1 階述語論理, 25
Action Systems, 11, 28
Agenda CPS, 133
B メソッド, 8, 10
CPS, 128, 132
Cyber-Physical Systems, 128, 132
DEPLOY, 7
$finite$, 16
Horizon 2020, 133
LTL モデル検査, 127
$partition$, 17, 95
ProB, 124
$skip$, 29
VDM, 10
Z 記法, 8, 9

**【あ行】**

後回し, 121
アプリケーション性質, 26
安全性, 3, 6, 24
一般化代入, 19
上書き, 68, 151
大きい, 146
大きいか等しい, 146
オペレーション, 10

**【か行】**

ガードコマンド言語, 11
拡張状態遷移マシン, 123

過小近似の方法, 124
過大近似, 131
型情報, 18
型付け, 149
合併集合, 147
加法演算子, 148
含意, 145
関係, 69, 147, 149
関係の上書き, 147
関係の後方合成, 147
関係の前方合成, 147
関係の像, 148
関係の直積, 147
関係の並列積, 147
関数適用, 32, 63, 148
偽, 145
偽値, 146
基底状態, 123
逆関係, 64, 69, 147, 151
共通部分, 147
空集合, 146
空でない部分集合の集合, 147
区間数, 148
契約としての解釈, 21
軽量形式手法, 7
決定的代入, 149
減法演算子, 148
構築からの正しさ, 5, 27
恒等関係, 147
後方合成, 151
公理, 22

# 索 引

公理的集合論, 8
コンテクスト, 14

## 【さ行】

最小値, 148
最大値, 148
サイバネティックス, 132
差集合, 66, 146
シーケント, 22
時間オートマトン, 129, 130
事後条件, 21
事前・事後条件, 10
事前条件, 21
自然数, 148
集合記法, 9, 25
集合の内包定義, 146
集合の内包定義（簡略形）, 146
集合の分割, 147
収束, 118
集中系, 120
述語からブール式への変換演算子, 146
述語抽象, 128
順序対, 147
仕様アニメーション, 125
状態遷移システム, 122
状態遷移ダイアグラム, 118
状態ベース仕様, 18
乗法演算子, 148
剰余, 148
初期化イベント, 19
除法演算子, 148
真, 145
進化型モデリング, 27
真値, 146
真部分集合, 146
真部分集合でない, 146
信頼性, 3, 5
垂直リファインメント, 27

水平リファインメント, 11, 27
数学記法, 25
スーパーポジション・リファインメント, 27
整数, 148
積集合, 146
全域関係, 147
全域関数, 63, 148, 152
全域全射, 148, 152
全域全射関係, 147
全域全単射, 148, 153
全域単射, 148, 153
全関数, 31
線型応答, 129
線型時相論理, 24, 123
線型ハイブリッド・オートマトン, 129, 130
線型ハイブリッド・システム, 129, 130
前後述語, 19
全射関係, 147
全称記号, 145
前方合成, 151
像, 64, 151
相遷移システム, 129
属さない, 145
属する, 145
ソフトウェア化, 2
存在記号, 145

## 【た行】

第一成分への射影, 148
台集合, 15
第二成分への射影, 148
対話プログラミング支援環境, 14
妥当性, 124
段階的詳細化, 4, 26
値域, 147, 150

値域の減算, 69, 147, 150
値域の制限, 147, 150
小さい, 146
小さいか等しい, 146
抽象化関係, 35
抽象化の方法, 127
抽象モデリング, 6
直積, 18
直積集合, 147, 149
定義域, 147, 149
定義域の減算, 68, 147, 150
定義域の制限, 147, 150
ディペンダビリティ, 3
定理, 22
等号, 145
到達性, 24
到達性検査, 131
同値, 145

**【な行】**

ニュートン時間, 131
入力引数, 20
入力変数, 21
濃度, 147

**【は行】**

ハイブリッド・オートマトン, 129
ハイブリッド・システム, 129
ハイブリッド性, 128
反例, 127
非決定的代入, 149
否定, 145
ブール値, 146
フォワード・シミュレーション, 33
複雑さ, 5, 6
負号, 148
不等号, 145
部分関数, 67, 148, 152

部分集合, 67, 146
部分集合でない, 146
部分全射, 148, 152
部分単射, 148, 153
不変条件, 22
振る舞い解釈, 21
振る舞い仕様, 116
プログラム構築手法, 3
並行システム, 116
べき集合, 30, 146
べき乗, 148
変量, 24, 118, 121

**【ま行】**

マシン, 14

**【や行】**

有限集合, 147
有限の Event-B 仕様, 124
有限の状態遷移システム, 122

**【ら行】**

ライブロック, 24
ラムダ式, 148, 154
リスク低減, 2
リファインメント, 10, 25
リファインメント計画, 28
リファインメント検査, 10, 29
量化合併集合, 147
量化共通部分, 147
理論体系プラグイン, 132
ロジック・モデル検査, 122
論理積, 145
論理和, 145

**【わ行】**

和集合, 65, 146

## 著者紹介

**中島 震**（なかじま しん）
1981 年　東京大学大学院理学系研究科修士課程 修了
現　在　国立情報学研究所 教授・総合研究大学院大学 教授・東京工業大学大学院 連携教授　学術博士
この間，科学技術振興機構さきがけ研究員（兼任），北陸先端科学技術大学院大学 客員教授を歴任．

形式手法，自動検証，ソフトウェア・モデリングなどの研究に従事．

**來間 啓伸**（くるま ひろのぶ）
1983 年　広島大学大学院理学研究科博士課程前期 修了
1984 年　株式会社日立製作所
2006 年　総合研究大学院大学複合科学研究科 修了　博士（学術）
2007 年 10 月～2014 年 9 月　国立情報学研究所 特任教授
現　在　株式会社日立製作所　横浜研究所 研究員

形式手法，ソフトウェア工学の研究に従事．

Event-B
リファインメント・モデリングに基づく形式手法
© 2015   Shin Nakajima, Hironobu Kuruma
Printed in Japan

2015 年 2 月 28 日    初版発行

著　者　　中　島　　　震
　　　　　來　間　啓　伸
発行者　　小　山　　　透
発行所　　株式会社 近代科学社
〒 162-0843　東京都新宿区市谷田町 2-7-15
電話 03-3260-6161　振替 00160-5-7625
http://www.kindaikagaku.co.jp

加藤文明社　　　　ISBN978-4-7649-0424-8
　　　　　　定価はカバーに表示してあります．